Alejandro Jodorowsky

TRES VOCES

Alejandro Jodorowsky

TRES VOCES

El papel utilizado para la impresión de este libro ha sido fabricado a partir de madera procedente de bosques y plantaciones gestionadas con los más altos estándares ambientales, garantizando una explotación de los recursos sostenible con el medio ambiente y beneficiosa para las personas.

Tres voces
La voz interior / La voz de mi abuelo / La voz del descanso

Primera edición: marzo, 2025

D. R. © 2025, Alejandro Jodorowsky
Casanovas & Lynch Literary Agency
Balmes 209, 5-2, 08006 Barcelona

D. R. © 2025, derechos de edición para México, Centroamérica, Ecuador, Venezuela, Colombia, Perú y Estados Unidos en lengua castellana:
Penguin Random House Grupo Editorial, S. A. de C. V.
Blvd. Miguel de Cervantes Saavedra núm. 301, 1er piso,
colonia Granada, alcaldía Miguel Hidalgo, C. P. 11520,
Ciudad de México

penguinlibros.com

D. R. © 2025, Pascale Montandon-Jodorowsky, por las fotografías de las páginas 299, 301, 310, 324, 327, 337, 339, 340, 361, 371, 386 y 388
D. R. © 2025, Joël Saget, por la fotografía de la página 312
La fotografía de la página 314 es de autor desconocido

Penguin Random House Grupo Editorial apoya la protección del *copyright*.
El *copyright* estimula la creatividad, defiende la diversidad en el ámbito de las ideas y el conocimiento, promueve la libre expresión y favorece una cultura viva. Gracias por comprar una edición autorizada de este libro y por respetar las leyes del Derecho de Autor y *copyright*. Al hacerlo está respaldando a los autores y permitiendo que PRHGE continúe publicando libros para todos los lectores.

Queda prohibido bajo las sanciones establecidas por las leyes escanear, reproducir total o parcialmente esta obra por cualquier medio o procedimiento, incluyendo utilizarla para efectos de entrenar inteligencia artificial generativa o de otro tipo, así como la distribución de ejemplares mediante alquiler o préstamo público sin previa autorización. Si necesita fotocopiar o escanear algún fragmento de esta obra diríjase a CeMPro (Centro Mexicano de Protección y Fomento de los Derechos de Autor, https://cempro.org.mx).

ISBN: 978-607-385-385-9

Impreso en México – *Printed in Mexico*

Índice

La voz interior
9

La voz de mi abuelo
159

La voz del descanso
297

LA VOZ INTERIOR

El mundo se va modelando
de acuerdo con la forma
en que lo pensamos.

El *dolor* reposa
sobre estas cuatro palabras:
yo, posesión, odio y miedo.
La *felicidad* reposa sobre
estas cuatro palabras:
nosotros, generosidad,
amor y valentía.

El amor que no nos dieron
en la infancia, nadie nos lo dará.
Cesemos de pedirlo
y ofrezcámoslo.

Ofrecer mucho
a quien pide poco,
es una manera de humillarlo.

∼

Muchacha, no corras detrás
de un hombre o detrás de un autobús:
siempre habrá otro.

∼

Una vez por semana,
enseñemos gratis a los otros
lo poco o mucho que sabemos.
Un solo grano de sal
da sabor a todo un océano.

Estimado enemigo,
lo que no te gusta en mí,
mejóralo en ti.

No controlemos, no manipulemos, no seduzcamos, no amarremos, no engañemos. Amemos.

Cada vez que trato de meditar,
imagino que un diablo me molesta
¿Qué puedo hacer?
¡Pon también a ese diablo a meditar!

No malgastemos el **amor** en quien
no es leal, el **bien** en quien no lo agradece,
el **saber** en quien no lo comprende,
el **secreto** en quien no lo guarda.

¡Todo aquello que perdemos,
nunca fue nuestro! Algunos hijos
no son nuestros.

Conservemos nuestra **paz interior:**
si un perro nos muerde no
mordamos al perro.

Comencemos simplemente por
caminar, no nos preocupemos por llegar,
propongámonos sólo **avanzar.**

Papá y mamá son dos **niños grandes**
que tuvimos cuando éramos pequeños.

La **sabiduría** no es hija de las
creencias, es hija de la experiencia.

Bienaventurados aquellos
que no **prometen,** sino que hacen
lo que hacen con **amor.**

Somos felices cuando nuestro gato, sin que lo acariciemos, nos mira y ronronea.

Alejémonos de toda doctrina que no nos enseñe a amar la vida.

Bendigamos a quien nos abandona, porque nos devuelve con nosotros mismos.

Frente a frente tú y yo
como para siempre.
Dame tus imperfecciones,
con ellas me conformo.

La muerte es sólo un cambio.
La vida nunca termina.

Perseveremos, reguemos nuestro árbol.
La paciencia tiene raíces amargas,
pero sus frutos son dulces.

Nuestras **faltas de Hortográfia**
son suzpiros de nuestro niño interior
ke aún no kiere morir.

Perdemos lo bueno que nos está
pasando por recordar tanto lo malo
que nos pasó.

La vida no es esperar a que pase
la tormenta, es **aprender a danzar
bajo la lluvia.**

Los celos son el miedo que tenemos de que alguien le dé al ser que amamos lo que nosotros no podemos darle.

Cuando amamos a alguien, no le pidamos más de lo que nos da en el momento en que nos lo da. Nada que añadir, nada que quitar.

La vida nos ofrece no lo que pedimos, sino lo que necesitamos para **desarrollar nuestra conciencia.**

Basta de autocriticarnos. Ahora mismo subamos a una silla y gritemos hacia el mundo media docena de nuestras cualidades.

El Universo sabe lo que hace.
Con el tiempo, todo es para bien.

"Si me das, te doy. Si no me das, no te doy". Expulsemos de nosotros estos regateos inútiles.

Vale más que avancemos
con **pequeños pasos honestos**
que con grandes saltos tramposos.

Los pájaros nunca estudiaron
música, pero saben cantar
muy bien.

Lo que guardamos, se pudre.
Lo que damos, **florece.**

La esencia de la libertad es cambiar de opinión cuando la opinión anterior se hace obsoleta.

Una cosa es peor que la muerte: el miedo a morir.

Quien sabe y no dice que sabe, verdaderamente sabe.

Si somos ratones no escuchemos los consejos de un gato.

Seamos
mudos cuando damos,
y hablemos cuando recibimos.
Agradecer es un arte.

Quien conoce la fuente
de su dolor lo disminuye.
Quien conoce la fuente
de su felicidad la multiplica.

Verifiquemos si quien
nos amenaza puede en verdad
dañarnos: algunos que no tienen
perro hacen ladrar a su gato.

No nos creemos angustias.
Si el combate es mañana, no vivamos con los puños cerrados. **El ave canta aunque la rama cruja.**

Lo que criticamos en los otros está en nosotros. Lo que no está en nosotros no lo vemos.

Muchas veces lo que creemos no es la realidad. No se puede hablar de separación cuando nunca se estuvo unido.

Aunque rocen el barro,
las luciérnagas siguen brillando.
Un espíritu luminoso, fiel a sí mismo,
no se deja perturbar.

La felicidad no depende de premios,
ni de ganancias materiales,
ni de diplomas.
La felicidad depende de
nosotros mismos.

**Cada una de nuestras heridas
puede crear una perla.**

Cada mañana
no me pongo zapatos,
me pongo caminos.

Si a ti no te gusta tu trabajo,
a tu trabajo no le gustas tú.

**No es antes, no es después,
todo es ahora.**

De nada sirve un conocimiento,
si no nos cambia el comportamiento.
Hay una diferencia entre creencia
y experiencia.

Un pájaro en el agua se ahoga.
Un pez en el aire se asfixia.
**Busquemos el sitio donde
verdaderamente podamos vivir.**

Cuando por fin encontramos
al ser amado no lo conocemos,
¡lo reconocemos!

Los gatos se nos posan en el cuerpo
en la parte en que tenemos un problema.
Si se posan en nuestra cabeza
nos calman la mente, son nuestros
psicoanalistas felinos.

Vender nuestra alma al diablo
es relativamente fácil, casi todo el mundo
lo hace. Vender nuestro diablo al alma,
eso es más difícil. Hasta a los santos
les cuesta.

El **pasado** no es un mal que hay
que combatir, sino un templo
que hay que explorar. Sólo los
que saben de dónde vienen
comprenden a dónde van.

Si tú lo controlas, el dinero
es un buen servidor. Si él te controla,
el dinero es un mal amo.

Te amo porque sí y no a causa de...

Lo que más le hace falta al mundo es lo que tú has venido a darle.

El tiempo sobre la piel es arrugas, debajo de la piel es un niño que aún se sorprende.

La envidia nos hace desear lo que no nos corresponde: el sapo, viendo que le ponen una herradura al caballo, levanta una pata.

No se nace, no se muere, todo es continuación. De alguna forma u otra, siempre estaremos aquí.

Cuando te cierran una puerta, se abren otras. Todo rechazo es una oportunidad.

Querida familia mía, propónganme con cariño sus consejos, no me los impongan.

¿Cómo puedo ser mejor? Siendo como
las abejas: su miel vale más que ellas.

Cuidémonos de los insatisfechos.
Cuando un cerebro tiene
hambre, devora a cualquiera.

Tengamos hijos del placer,
no del deber.

Nada de lo que sucede es inútil.
Al enfriarse la lava que derraman los
volcanes, en ella crecen los bosques.

Tengamos **confianza
en nosotros mismos.** Los que abrimos
el surco somos lentos, pero la tierra
está llena de paciencia.

Para recibir lo que queremos antes
tenemos que desprendernos
de lo que no queremos.

¿Qué hago para no envejecer?
Nunca pierdas la curiosidad.

Esta **tristeza** no es nuestra,
es del niño que reina en
nuestra memoria.

A veces sanarse no significa curar la
enfermedad, sino aprender a vivir con ella.

Tratar de sanar al otro exige
humildad, porque en el camino
de su curación tú debes
desaparecer para permitirle
curarse a sí mismo.

No somos capaces de apreciar
la belleza ajena cuando no somos
conscientes de la nuestra.

**Más importante que nos amen,
es que nosotros amemos.**

Le hacemos daño obligando
al otro a recibir algo que no pide.

En muchos hogares les piden
a los hijos ser lo que no son y los culpan
por ser lo que son.

La pereza camina tan lentamente
que muy pronto la miseria la alcanza.
El primer paso para ser libres es darnos
cuenta de lo que nos encadena.

La **belleza** de nuestra voz no
depende de su **musicalidad,**
depende de cómo la usemos para
llegar al alma de los otros.

Dejemos de quejarnos, coloquemos
un fracaso sobre otro y usemos eso
como escalera.

A pesar de que damos, nadie nos agradece. Eso es porque para tener la sensación de que damos, los obligamos a recibir.

¡Un día más, qué maravilla! Para quienes saben ver el milagro de lo existente, **la realidad es una danza.**

La humildad consiste en reconocer que cualquier ser en el mundo puede enseñarnos algo que ignoramos.

Seamos siempre lo que somos,
pero no obliguemos a los otros a ser
lo que no son. Si no quieres comer nueces,
no las abras.

El error es útil, si después
hacemos un buen uso de él.

Los que buscan la verdad no se atreven
a encontrarla. Los que la encuentran
no se atreven a decirla. Los que la dicen
no son escuchados.

¡Seamos bien educados! Si nuestro
jefe se porta como un grosero
con nosotros, antes de insultarlo,
limpiémonos los dientes.

Si queremos llegar un día a
convertirnos en Maestros,
aceptemos ser alumnos
para siempre.

Lo que somos, aunque no
lo queramos, lo seremos siempre.
**Lo que no somos, aunque lo queramos,
nunca lo seremos.**

La principal ganancia del ermitaño,
por vivir dentro de un árbol hueco,
es una larga vida.

No conocemos a los otros,
sólo los imaginamos.
Únicamente vemos en los otros
lo que nosotros somos.

Lo que debe suceder, sucede siempre
en el momento en que debe suceder,
de forma inesperada, como un milagro
o una maldición.

**Cuidado con creer lo que piensas.
La mente es muy demente.**

Pobres niños, los llenan de prohibiciones
para que se conviertan en lo que no son.
Muy pocos están dispuestos a cambiar lo
que les han hecho creer.

No te preocupes de "llegar" sino de "avanzar". Ir avanzando es ir llegando.

La ansiedad es una insatisfacción condensada. Descubramos qué es lo que nos prohibimos satisfacer y hagámoslo.

La pareja humana no debe ser una simbiosis, sino la colaboración de dos conciencias libres.

¿Qué se puede hacer cuando ya no se puede hacer nada? Dejar que eso se haga.

Cuando dudemos entre "hacer" y
"no hacer" escojamos hacer. Si nos
equivocamos, tendremos al menos la
experiencia.

Muchos de los que dicen
"Ver para creer", primero creen
y luego ven.

El **poeta** es un sembrador de luciérnagas
en la noche del alma. La **poesía** es el
perfume del silencio convertido en letras.

A veces para llegar a conocerse a uno mismo es necesario recorrer un laberinto de parientes.

La **locura** para la mente, el **amor** para el corazón, la **magia** para el sexo, la **libertad** para el cuerpo.

Ser perfecto es imposible, ser excelente es posible. Hagamos nuestras tareas lo mejor que podamos aceptando nuestros errores.

En lugar de sufrir por lo que no tenemos, desprendámonos de lo que nos sobra.

Dejémoslas venir, dejémoslas pasar:
no luchemos contra nuestras emociones.
Vale más sudar que temblar.

Respetemos a los otros. Un gusano puede ser una mariposa en potencia.

La manera de dar tiene
más importancia que lo que se da.
**Cuidemos de dar sin sentirnos superiores
al que recibe nuestro don.**

**Quien no quiere cuando puede,
no puede cuando quiere.**

¿Cómo podemos lograr el éxito?
Intentemos siempre hacer sólo
lo que nos gusta.

Quien lleva la desgracia en la mente, hasta
en la sal ve nacer gusanos.

No hablemos de nosotros mismos sin concedernos la **posibilidad de cambiar.** Lo único que no cambia en este mundo es que todo cambia sin cesar.

La vida es un río, nosotros somos sus peces. Los peces no saben adónde van, el río sí.

Cuando cesamos de amar, nuestra memoria borra las **experiencias dulces,** armando un pasado sólo con las **experiencias amargas.**

Vigilemos nuestras ambiciones: todos servimos para algo, **pero no todos servimos para lo mismo.**

El Maestro de la perfección es el error. El Maestro de la salud es la enfermedad. El Maestro de la alimentación es el ayuno.

No podemos cambiar el mundo, pero podemos cambiar nuestro mundo.

Nuestras dificultades se acabarán
no porque queramos, sino porque
aprenderemos a evitarlas.

Más importante que saber lo que
somos es saber lo que no somos.

Cada nuevo dolor cambia la meta
de nuestras vidas. Cada nueva alegría nos
confirma que estamos donde debemos
estar.

Creamos en las personas que buscan la verdad; dudemos de las que la han encontrado.

El mejor templo, nuestro cuerpo. El mejor sacerdote, nuestro corazón. El mejor altar, nuestras manos abiertas.

Si algún día llegamos al fondo del pozo, pensemos: "Este es el comienzo de mi ascenso".

Calma, estimados amigos, no nos vamos a morir, sólo cambiaremos de forma. La muerte no es un punto final, es un punto y seguido.

Cuando nos enfadamos hasta llegar a la furia, no es por lo que creemos, sino por otra cosa que rechazamos ver.

Si un artista crea para gustar a los otros, su obra no le sirve ni a él, ni a ellos. Si la crea para descubrir su alma, le sirve a él y a los otros.

Si queremos conocernos,
hagamos de vez en cuando algo,
por pequeño que sea, que nunca
hayamos hecho.

**El dinero que únicamente llevamos en
nuestro bolsillo, vacía nuestro corazón.**

Todo lo que tenemos nos ha sido
dado para que un día lo demos.

Si la cantidad de lo que amamos
no va acompañada de lo que no queremos,
no amamos. Todo "sí" va acompañado
de un "no" y todo "no" va acompañado
de un "sí".

**En lo negativo camina
lo positivo.** Gracias, padres,
porque al no haberme dado nada,
me lo dieron todo.

Trabajemos en lo que nos gusta.
Aprendamos a respetar nuestros
propios valores.

Si algo malo nos pasa digamos simplemente: "Estoy durmiendo mal".

Si me estoy ahogando no me des consejos, dame una mano.

Ejercicio para desarrollar nuestra conciencia: aunque nos duela la lengua, durante siete días no hablemos mal de nadie.

Aceptemos el oleaje de la vida, recibamos
los momentos de pena, sin resistir,
sin aferrarnos. **Lo que duele, duele.**
Con el tiempo el dolor disminuye
y la alegría de vivir crece.

Saber vivir es hacer lo mejor que podemos,
con lo que tenemos, en el momento en
que estamos. Dejemos de mantenernos
amarrados al pasado y al futuro.

Tengamos paciencia, la naturaleza
del ser humano es incomprensible.
Sólo comprendemos a
alguien cuando aceptamos no
comprenderlo.

Si nos alegra lo que estamos haciendo, continuemos haciéndolo. Si no nos alegra, hagamos otra cosa.

Querida niña: deja de criticar tu cuerpo. Acéptalo tal cual es sin preocuparte de la mirada ajena. No te aman porque eres bella. **Eres bella porque te aman.**

Para liberarnos del pasado tenemos que estar atentos a no crear nuevos sufrimientos por deseos ilusorios orientados hacia el futuro.

Ni pasado, ni futuro. Mejor dejar de pensar en el tiempo y actuar en un **presente puro.**

Más difícil que lograr lo que queremos, es seguir siendo nosotros mismos cuando lo logramos.

Las **críticas** dejarán de herirnos sólo si las **alabanzas** cesan de extasiarnos.

Soledad es no saber estar
con nosotros mismos.

Comenzamos a vivir cuando
aceptamos morir.

Si competimos, también colaboramos,
si colaboramos, también competimos.
Todas las ideas nacen en pareja.

No podemos prolongar nuestra vida, pero sí podemos no apresurar nuestra muerte.

Nadie puede dar sólo
lo que lleva dentro. La petición
del otro nos insemina. El don
se crea entre dos.

No estamos en el mundo para realizar los sueños de nuestros padres, sino los propios.

Si te arrastran, empuja. Si te empujan, arrastra. (Esencia del Judo)

Cuando el sabio sabe,
sabe que sabe. **Cuando el ignorante sabe, no sabe que sabe.**

El EGO intelectual piensa, el EGO emocional siente, el EGO sexual desea, el EGO corporal necesita. La conciencia intercomunica.

Si damos un paso y lo repetimos, lo repetimos, lo repetimos, obtenemos un camino. Pongámonos a nosotros mismos como meta para **llegar a ser lo que en verdad somos.**

No hay ningún efecto que tenga
una sola causa. Todo acto, por pequeño
que sea, es infinitamente más complejo
de lo que parece.

No te confundas, el agua prisionera
dentro de una botella no es una botella.
**Nuestra sociedad nos da una forma,
no nos da un alma.**

No tengamos vergüenza de decir lo que no tenemos vergüenza de pensar.

Si estamos inconformes con nosotros mismos, no es porque no podamos ser lo que queremos, sino porque creemos que no podemos hacer lo que queremos.

Si caemos y nos levantamos, no caemos, tomamos un impulso.

Si te dan ganas de darles patadas a todos
los semáforos en rojo, piensa
en el divorcio.

La mentira mayor es decir la
verdad a alguien que no la cree.

Hagamos lo necesario para que las cosas
se hagan por sí solas.

**Nada es sólo nuestro, el Yo no es posible
sin la existencia del otro.**

Nuestro esqueleto no tiene nacionalidad.

Desde que nacemos hasta que morimos nuestra alma no cambia: el Sol del amanecer y el Sol del atardecer son el mismo Sol.

La espada del Guerrero sabio no corta ni atraviesa, sólo refleja la luz.

Muchas cosas llegamos a desdeñar porque nunca nos hemos preocupado de cómo fueron fabricadas.

El amor es como la Luna: cuando no crece, decrece.

Seremos fuertes si entre los débiles no olvidamos nuestra debilidad.

Compadezcamos a los desesperados: quien cae al mar se agarra hasta de la espuma.

Desconfiemos de una puerta que tiene muchas llaves. Desconfiemos de una llave que tiene muchas puertas.

En cada gota de rocío brilla
la misma Luna.

**No busquemos crear,
dejemos crecer.
No adornemos, desnudemos
lo esencial.**

El Sol no usa adornos. Las estrellas brillan sin preocuparse de la opacidad de sus planetas.

El intelecto está hecho de definiciones nacidas del miedo a lo impensable. Cada mente cree que sus límites son lo real. El sapo en el pozo niega la existencia del mar.

Cuando construimos una casa, **el sitio cuenta.** Cuando nos relacionamos con los otros, **la generosidad cuenta.** Cuando amamos, **la honestidad cuenta.**

Si con una porra en la mano
llamamos a alguien, no nos
quejemos si no se nos acerca.

Mutación: el deseo se convierte
en obediencia, el egoísmo en
desprendimiento, el miedo en confianza,
la envidia en aceptación de lo que se es.

Nos quejamos de no encontrarnos a
nosotros mismos. El pozo no es profundo,
la cuerda es corta.

No nos preguntemos lo que **somos**,
preguntémonos cómo nos **sentimos**.

Sea lo que sea, tenemos una meta.
Nuestro inconsciente la conoce,
dejémonos guiar por él.

¡Ánimo, poeta! Los pájaros vuelan sin
temor a estrellarse contra el suelo.

No digamos todo lo que sabemos, no creamos todo lo que oímos, no hagamos todo lo que podemos. Guardemos en nuestro interior un jardín secreto.

El mejor de los regalos, un día más de vida.

Padres: a sus órdenes y prohibiciones no las llamen amor. **No contemos el tiempo, sino nuestras transformaciones**.

Refugiados en lo inseguro, aprobemos lo inevitable. En lo fugaz se oculta lo imperecedero.

Comprendemos a una persona
por primera vez cuando la vemos
por última vez.

No lo dudemos: tenemos una
finalidad. Un fruto surge porque
es necesario, no sabe qué pájaro se
lo va a comer.

Nuestras neuronas cerebrales y las
galaxias están tratando de hacer
lo mismo: crear una conciencia
independiente de la materia.

¡Seamos realistas, creamos
en los milagros!

Nada pueden darnos que no
tengamos antes. Nuestro miedo
termina cuando nuestra mente se
da cuenta que es ella la que crea
ese miedo.

No somos nosotros quienes
buscamos la perfección, es la perfección
la que nos busca.

Escuchemos más a nuestra **intuición** que a nuestra **razón.** Las palabras forjan una realidad que es sólo una interpretación personal de la **realidad.**

No importa que el otro nos juzgue, lo que importa es cómo nosotros reaccionamos ante sus juicios. **Aprendamos a torear tontos.**

La noble finalidad de la **crítica** es preparar el nacimiento de la **belleza.**

Si no encontramos la salida, avancemos hacia un nuevo Yo.

Lo que queremos ser,
ya lo somos. Otorguemos a cada
una de nuestras palabras raíces
en el corazón.

Para tener, demos cuando
no tengamos. **La única verdad es
la verdad de la ilusión.**

En nuestras heridas reside la curación. Son puertas por donde entra la **conciencia.**

No conseguir lo que queremos, puede ser una bendición, ya que eso abre nuevas posibilidades. **¡Sé paciente, no hay espina sin rosa!**

Alegrémonos, el día de hoy es un **fragmento de eternidad** al que tenemos derecho de exprimir hasta su último segundo.

Con paciencia y perseverancia, el ser vence al parecer.

Lo único que tenemos de igual es que somos todos diferentes.

Enseñémosles a nuestras rabias a cantar.

Quizás no es cierto que todo tiempo pasado fue mejor. Es posible que los que estaban peor todavía no se habían dado cuenta.

Dar es saber recibir, porque quien recibe engendra y quien engendra reparte.

Escuchemos lo que dicen en lo que no dicen y lo que no dicen en lo que dicen.

**El sabio se culpa de sus errores.
El necio culpa a los otros.**

Si soñamos que se acaban las
fronteras y se evaporan las
definiciones, quizás despertemos
con una **sana calma.**

Tratemos de que en nuestro **corazón**
brille una **sonrisa** que bendice.

Para encontrarnos no busquemos
lo que somos, sólo hagámonos
conscientes de lo que no somos.

Alcanzamos la **plenitud**
de nuestra fuerza cuando
aprendemos a no dañar.

Si Dios te envía un dulce que no has pedido, abre la boca.

Nada está separado. Cada cosa está unida a todas las otras cosas. Cada pregunta trae escondida en su interior mil respuestas.

Todo lo que sabemos navega en la inmensidad de lo que ignoramos.

Nuestras manos, sin que nos demos cuenta, perciben la historia de todo lo que tocan.

Puede no haber diferencia entre un problema grande y un problema pequeño: una piedrecilla en el zapato nos arruina la marcha triunfal.

El placer de buscar vale tanto como el placer de encontrar.

Una semilla nunca se pregunta si va a ser tal o cual árbol. Simplemente dejémonos crecer.

Palabras necesarias para una buena relación: **"Te escucho, te comprendo, te bendigo, un abrazo"**.

Construyamos un puente imaginario para cruzar el vacío y llegar hasta nosotros mismos.

La **profundidad** sin pesadez, la **libertad** sin superficialidad, la **atención** sin obsequiosidad, el **respeto** sin miedo, el **dolor** sin rencor.

Olvidemos lo que damos, recordemos lo que recibimos.

Las palabras buscan.
Los sentimientos encuentran.
Los deseos impulsan. Los actos realizan. **El sueño descansa.**

Una relación florece cuando cada uno concede al otro la posibilidad de tener razón.

El amor que no disminuye, aumenta.

¡No podemos cambiar el mundo, pero sí podemos comenzar a cambiarlo!

No vivimos en un país, vivimos en un planeta. ¡Patriota, no dividas: une!

Porque nos ayudaron a comprender
lo que teníamos, digamos gracias
a las desgracias.

Nada comienza, nada termina,
todo es continuación.

Un gramo de bondad vale más
que una tonelada de intelecto.

A veces, si pedimos un consejo, en el fondo queremos que nos den permiso para hacer lo que no nos atrevemos hacer.

Lo que uno pierde, otro lo agarra.
No es que hayamos perdido, es que hemos sido generosos.

Nuestra felicidad provoca la felicidad de los otros, se propaga como onda en un lago. **Seamos nosotros el punto que crea a la onda.**

Lo que le sucede al planeta, repercute en nuestro espíritu. Lo que le sucede a nuestro espíritu, repercute en el planeta.

¿Qué? Esto. ¿Dónde? Aquí. ¿Cuándo? Ahora. ¿Cómo? Así. ¿Quién? Nosotros. ¿Por qué? Porque sí.

Toda definición es una castración. Si le quitas el nombre a una cosa, se transforma en mil cosas diferentes.

El pasado es la ausencia de los otros.
El presente es la presencia de los otros.
El futuro es el nacimiento de los otros.
Sin nosotros no hay un Yo.

Puede ser un mérito ayudar a los otros, pero también pude ser una vanidad sentirnos superiores porque los ayudamos.

Cuando repetimos los mismos problemas, es porque cometemos el mismo error.

Si vives en el piso cuarenta,
no confundas ventana
con puerta.

¿Cómo puedo triunfar en algo?
¿Tienes una fórmula mágica?
Por supuesto: **pide consejos a un enemigo y haz lo contrario.**

Cuando celebramos cada instante de nuestra efímera vida como un regalo precioso, nos acercamos a la felicidad.

**Mejor que "aquí, ahora, yo"
es "aquí, ahora, nosotros".** Un tapiz
para ser real, necesita el entrecruce
de varias hebras.

Para encontrar nuestra verdad,
hagámonos conscientes de nuestras
mentiras.

Lo que más vale en un árbol son
sus frutos, no su forma. **Ser es
mejor que parecer.**

No porque nos pongamos calcetines de seda, desaparecerán las piedras del camino.

El mundo es un reflejo de nuestro ser. Démosle lo que le pedimos.

Si sólo nos **alaban,** desconfiemos de los otros. Si sólo nos **insultan,** desconfiemos de nosotros mismos. Si nos alaban y nos insultan, lleguemos a la **sagrada indiferencia.**

El amor que se nutre de regalos
tiene hambre siempre.

Cuando hay varias personas comiendo en una mesa y sólo habla una, esa una se queda en ayunas. **Mientras más rebuzna un burro, menos come.**

Las cosas cambian de valor según dónde estén. En la oscuridad valen más las orejas que los ojos.

Aprender a amar no es aprender a amarrar.

Cuidado con las ambiciones exageradas. **Si tenemos las uñas de los pies demasiado largas, cualquier zapato se nos hace corto.**

No nos sana una herida que ocultamos continuamente.

No fuimos antes, no somos ahora,
no seremos después. ¡JA,JA,JA! **Fuera del TIEMPO, riamos tranquilos.**

Un minuto de encuentro vale tanto como cien años de búsqueda.

¿Hoy es un día más o un día menos?
En el Universo hay un solo día,
dura una eternidad.

¿Cuál es el camino más corto entre dos ideas que se oponen? **La risa.**

Todo lo inútil deja de ser inútil si lo sabemos emplear en el nivel donde sirve. No podemos usar una cucharita para partir una roca.

Mejor que andar diciendo que la **Tierra** podría ser un **jardín maravilloso,** es cultivar con **amor** un metro cuadrado de tierra.

No obedezcamos esas órdenes y prohibiciones, dejemos surgir en nosotros aquello que realmente queremos hacer.

Ser no es tener. Se puede tener mucho, pero ser muy poco.

Quizás por tanto luchar por nuestra seguridad, caemos en la inseguridad.

Las dualidades (bien/mal, bello/feo, fuerza/debilidad, etc.) no son dos cosas opuestas, sino dos cosas complementarias. **Sin la noche nunca veríamos las estrellas.**

El amor convierte las heridas de nuestro corazón en surcos fértiles.

Las cosas no son ni buenas ni malas, corresponden al uso que les damos.

Al final, nos daremos cuenta de que **la felicidad era la que habíamos dado.**

Con **desesperación**, un camaleón se dio cuenta de que, para conocer su verdadero color, tendría que posarse en el **vacío**.

¡Tengamos cuidado con las apariencias! Una vaca negra no da leche negra.

Seamos realistas: nunca las palabras podrán expresar por completo lo que pensamos.

Un pájaro atado por la pata vuela en todas direcciones, pero termina posándose en el mismo sitio, así es el **Ego**.

**No podemos dar el amor
que no sentimos.** En lugar de inventarnos sentimientos, logremos amarnos a nosotros mismos...

No vivamos diciendo
No a lo que Sí. No vivamos
diciendo Sí a lo que No.

Más que preocuparnos por
el "¿qué dirán?", preocupémonos
por el **"¿qué diré yo de mí mismo?"**.

**Somos unos desconocidos para
nosotros mismos. Concibámonos
como un inmenso mundo
por explorar.**

**La confianza verdadera
es atravesar un precipicio
equilibrándonos sobre un hilo.**

Si queremos dejar de hacer
lo que hacemos, dejemos de ser lo
que no somos.

En este Universo infinito cada milímetro es su centro. ¡Aleluya, también tú eres el centro del Universo!

Triunfar es aprender a fracasar. Fracasar es sólo cambiar de camino.

Los símbolos actúan como espejos.
Los sueños sólo deben ser interpretados
por quien los soñó.

Si los zapatos te causan callos, aprende a andar con los pies desnudos.

Eliminemos de nuestra mente las creencias que nos inyectaron en la niñez. Aprendamos a vivir lo nuestro y no lo ajeno.

Demos lo que creemos,
para conocer lo que ignoramos.
"Creer" es una cosa, "conocer"
es otra.

Escuchemos el pedido de nuestro corazón.
No seamos cobardes, aspiremos a lo
imposible.

¡Es difícil desear de verdad cuando
lo que se desea es dar!

Atravesemos nuestras **fronteras racionales,** dejemos que lo que somos devore lo que no somos.

Busquemos nuestro verdadero **rostro** en el corazón de la persona amada, ahí donde entre los latidos relumbra un **espejo.**

Nuestra individualidad es una **ilusión.** Dentro de nosotros, como en una muñeca rusa, hay muchos otros.

Lo que hoy rechazamos, mañana
será una necesidad. Si habitamos
en lo superficial, estamos
perdiendo aquello que
llamamos "vida".

**Si lanzamos con odio una piedra
hacia el infinito, un día regresará para
golpearnos en la nuca.**

Usemos nuestra vida como un
potente trampolín, no como
un pegajoso sofá.

Sin la **belleza del amor** como meta, una civilización se derrumba.

Más importante que apreciar lo que tenemos, es apreciar lo que somos.

Muchos viven en una jaula cuyos barrotes son creencias estancadas, no basadas en experiencias personales.

Es bueno progresar, aunque sea muy poco. Si nos cortamos las uñas de los pies marcharemos mejor.

Cada vez que tratamos de elegir entre dos cosas, estamos en verdad deseando una tercera cosa.

Cuidado con las certezas: en este Universo toda inmovilidad es sólo una apariencia.

No estamos destruyendo el planeta de nuestros padres, ni estamos destruyendo el planeta de nosotros, **estamos destruyendo el planeta de nuestros hijos.**

**Sólo los que viven en la luz
de su conciencia son capaces de ver su
sombra interior.**

Si deseas algo con pasión, no aceptes una aproximación.

¿Somos un cuerpo que contiene un espíritu? ¿Somos un espíritu que contiene un cuerpo? ¡Las dos cosas al mismo tiempo!

Para que los gatos te aplaudan no te conviertas en criador de ratas.

No busquemos el sentido de la vida. Vivámosla como una culebra que nunca cesa de cambiar de piel.

El mundo no se acaba, sólo cambia. Con trabajo y constancia, todo es para bien.

Lo importante es lo que se dice,
no quién lo dice. **Lo importante es
lo que se da, no quién lo da.**

La **lluvia** es la misma agua, sin
embargo, hace que crezca **maleza**
en los **pantanos** o flores en los
jardines.

Nuestro maravilloso Ser interior debe ser
sentido, no ser pensado.

Para sembrar la **paz** en
el mundo, tenemos que disminuir
la **grandeza** de nuestro **Ego.**

Las **caricias** adecuadas pueden revivir el **cuerpo,** las **palabras** adecuadas alimentar el **alma.**

¿Dios? Ni antes ni después, siempre hoy.

Por muy humilde que sea una persona tiene en su cabeza un **reino,** en su corazón un **bosque,** en su sexo una **avalancha** y en su cuerpo la **vida eterna.**

Las piedras que lancemos hacia el cielo subirán, se detendrán y caerán en nuestras manos. Pero nuestras manos ya no serán las mismas.

¿Quieres que ella deje que la beses? Dile esto: "En mi noche sin luna, tú eres la luciérnaga que ilumina todo el cielo".

**En toda negación hay
la nostalgia de una afirmación.
No hay sombra sin luz.**

Conservemos nuestra dignidad frente a un insolente. Mirémoslo en silencio, pensando: "Tus palabras no tienen cabida en mi alma. Adiós".

Somos cómplices de lo que nos sucede: la desgracia entra por la ventana que hemos dejado abierta.

Si todo es ilusión, busquemos las ilusiones más bellas.

Porque retrocedemos creemos volver, pero en realidad **estamos avanzando de espaldas.**

Los progresos espirituales suceden de golpe, es como ir en un automóvil y de pronto encontrarse dentro de un avión.

Si no obtenemos lo que deseamos, no es un fracaso cambiar de actividad. **Si no podemos ser reyes, aceptemos ser semilla.**

Digamos la verdad a quien sabe escucharla. **El silencio es la mejor respuesta para los sordos.**

Nunca nos traicionemos a nosotros mismos para complacer a otros.

Realicemos en nosotros los cambios que creemos necesarios en otras personas. **La realidad es nuestro espejo.**

Si criticamos a una persona enemiga, aún estamos en sus redes. **Conquistemos la sana indiferencia.**

La felicidad no consiste
en gozar comprando, sino en
no desear cosas inútiles.

**No sólo el mundo va cambiando, sino
también los ojos que lo miran.**

Mariposa, no desprecies al que fue tu
gusano. Este, antes de mutar, en potencia
ya era mariposa.

¿Cómo encuentro a la mujer
indicada? La encontrarás cuando
te encuentres a ti mismo.

La confianza es como una fina copa de cristal, la menor fisura la inutiliza.

Lo que decimos cambia de significado según dónde, cuándo y cómo lo decimos.

La mayor felicidad que podemos tener es la felicidad que damos a los otros.

Quien cesa de esperar recibe lo esencial: se recibe a sí mismo.

Si esos sentimientos nos hacen sentir bien, son buenos. Si nos hacen sentir mal, son malos.

¿Cómo alcanzar la iluminación?
No se alcanza. La obtenemos cuando nos damos cuenta de que siempre la hemos tenido.

Guardemos alguna de nuestras risas para cuando tengamos un desencanto.

Si acaricias con amor una de sus rocas, la montaña se te entregará.

En medio de un Universo infinito, que no conoce la muerte sino una constante transformación, cada nuevo día puede ser para nosotros una fiesta.

La envidia de los otros es muy útil, nos hace descubrir nuestros defectos y nuestras cualidades.

Si acariciamos cualquier objeto con mucho amor, lo escucharemos ronronear.

Si creemos que no podemos comenzar, nunca comenzaremos.

Estamos atraídos por personas que van a traernos los graves problemas que necesitamos para nuestra evolución.

El **sufrimiento** tiene una causa principal, nosotros mismos. Depende de la manera en que interpretamos lo que **vivimos.**

El cerebro es sólo un receptor de ideas. Nuestros pensamientos no son nuestros, son del Todo.

¡Es posible realizar tus sueños! Si te propones lo imposible, logras lo posible.

**El Universo es un ser viviente.
Hasta el más ínfimo grano de polvo
está vivo.**

Cuando no podemos hacer nada,
soportemos que eso se haga.

Si eres lo que crees ser, haces.
Si no eres lo que crees ser,
deshaces.

No digas: "Todo desaparece". **Las cosas
van desapareciendo al mismo tiempo que
otras van apareciendo.**

El tenebroso ruido del mundo,
en el silencio de nuestro interior,
puede transformarse en música.

Si necesitas saltar de roca en roca,
no digas: "Voy a caer", di más bien:
"Conservaré mi equilibrio".

En esta realidad cualquier punto que tires
hacia ti arrastra al mundo entero.

Para una persona pesimista, el día
está entre dos noches. Para una
persona optimista, la noche está
entre dos días.

Muchos se quejan de que no les den para vivir un paraíso florido, sin nunca tratar de hacer florecer el desierto.

En un mundo de **sordos,** no dejemos de **cantar,** ellos leen el lenguaje de los **labios.**

Quien ordena, crea caos. Quien ahorra, desperdicia. Quien ejerce el poder, debilita. Quien regala, recibe. Quien va lejos, regresa a sí mismo.

Más importante que el acontecimiento es cómo se reacciona ante él.

Cada guerra, por cualquier motivo que sea, es una guerra entre hermanos.

No te conozco, te imagino. Sólo veo en ti lo que soy yo. Aquello que no quiero ver en mí, lo veo en todos los otros.

Si no podemos encontrar algo, dejemos que ese algo nos encuentre.

No digamos: "No es verdad", digamos mejor: "Es posible, pero desde otro punto de vista podemos afirmar lo contrario".

Sólo cuando dejemos de pedir que nos den alas podremos salir del nido.

Gocemos cada segundo de nuestra existencia como si fuera la última fiesta.

Libres de ser quienes somos, no permitamos que nada ni nadie nos imponga guiones que no se corresponden con nuestra autenticidad.

Si queremos realizarnos, a nuestro zapato derecho llamémosle "infinito" y a nuestro zapato izquierdo llamémosle "eternidad".

Una gallina campeona al ver un huevo de avestruz, se deprimió. **Lo posible, si no es posible, es imposible.**

Si puedes acariciar una piedra con la misma ternura que a un gato, has descubierto el amor.

Dijo una araña: "Si me aplastas matarás un problema, pero no solucionarás tu fobia".

Perdonar es noble, olvidar es inteligente.

No vemos lo que somos, vemos lo que
imaginamos que somos.

Si queremos saber todo lo que
ignoramos, desprendámonos de
todo lo que sabemos.

¿Cómo puedo vencer a mi enemigo?
Reconociendo sus méritos.

En lugar de quejarnos
del egoísmo del mundo, realicemos
un acto generoso.

Viajar con una mente sin límites
vale más que llegar.

Me gusta. ¿Se lo digo o no? Si no nos tomamos la sopa a tiempo, ella se enfría.

Lleguemos al fondo de nuestra crisis: quien cae a un lago deja de temer a la lluvia.

Si no sabemos amar, dejemos que el amor nos enseñe.

El Sol siempre da, nunca nos cobra.

No recemos para pedir, sino para
agradecer lo que nos han dado.

Lo que damos, nos lo damos.
Lo que no damos, nos lo quitamos.

Ser fiel por deber, es una aberración.
Ser fiel porque se ama, es una realización.

Ponte a meditar y date cuenta de
que eres tú quien se llama destino.

¿Qué le digo a una amiga que ya no cree
en el amor? Dile: "¡Te amo!".

Procuremos que nuestras palabras sean tan bellas como nuestros silencios.

Todo nacimiento es el renacimiento de un ancestro.

Aunque no tengamos nada, si nos tenemos a nosotros mismos tenemos lo principal.

Lo que nos parece imposible se hace posible cuando encontramos el sitio donde realizarlo y con quien realizarlo.

Cesemos de definirnos. Cambiemos de camino cuantas veces nos sea necesario.

Donde estamos hoy es donde debemos estar. Todos los lugares son sólo una parte del viaje.

Agradezcamos que el golpe de la caída sea fuerte. Ese dolor nos revela cuán alto habíamos llegado.

A veces perder es ganar y no encontrar lo que se busca es encontrarse.

Todas las historias comienzan por un fin y terminan por un nuevo comienzo.

El amor nos hace pertenecer sin posesión y darnos sin pernos.
Amar es crear algo juntos.

Si nos sentimos mal cambiemos de territorio. Cambiar de territorio es cambiar nuestra vida.

Si nos cansa lo que hacemos
es porque no deseamos hacerlo.
Lo que amamos nunca
nos cansa.

Aunque sea pequeño, hagamos un gesto hacia los que sufren. Esa compasión puede restaurarles la esperanza.

La esencia de meditar es llegar a sentir el silencio que precedió al nacimiento del Universo.

La diferencia entre un animal y nosotros es que el animal es lo que es sin tratar de dejar de ser lo que es.

Lo que buscamos nos persigue sin que nos demos cuenta.

Nos lamentamos raramente de lo que hicimos, pero muy a menudo de lo que no hicimos.

Un guerrero espiritual, si comete un error, no pierde su energía en arrepentirse, corrige de inmediato su conducta.

Un mosquito que pierde un ala sufre igual que un caballo que pierde una pata.

Seamos como el fuego: calienta e ilumina sin saber que es fuego.

Sumidos en el mundo de las apariencias,
podemos comprarlo todo, menos el alma.

Respetemos lo despreciado:
**el agua sucia puede apagar
un incendio.**

No nos preocupemos de que
hablen mal de nosotros:
**el ladrido de los perros no
le hace daño a una nube.**

Si eres un gran árbol que da frutas muy
altas, no te extrañes de que te lancen
piedras.

¿Cuál es el guerrero más fuerte? El que vence al enemigo sin luchar.

La vida es un viaje, nunca una llegada.

La conciencia aparece cuando abandonamos un hábito llamado "vida normal".

Nuestro crecimiento espiritual consiste en darles a nuestros conflictos interiores la oportunidad de expresarse.

Hasta que no seamos capaces de ver a quienes nos ven, nadie nos verá.

No perdamos la esperanza. Sin quererlo,
las tinieblas avanzan hacia el resplandor
de la belleza.

Cada **movimiento** de nuestro
cuerpo es una **danza** que se integra
al giro feliz de los **astros.**

Un **símbolo** no concede un **mensaje**
preciso, actúa como un **espejo** que refleja
el nivel de **conciencia** del buscador.

Si es necesario es posible. Cada sed crea
su agua, cada alimento su boca.

Al olvidarnos de nosotros mismos,
nos cae encima el dolor del mundo.

Es necesario que las cosas vayan cambiando para que lleguen a donde empezaron.

La realidad se resume en
dos palabras: **permanente
impermanencia.**

La energía primordial es la misma.
Su bondad o su maldad depende
del uso que hacemos de ella.

Cuando nos desprendemos de los prejuicios intelectuales, emocionales, sexuales y materiales, sabemos por fin quienes somos.

La iluminación no es obtener algo, sino eliminar pensamientos, sentimientos, deseos y necesidades vitales que la ocultan.

Somos buscadores de verdades. ¿Qué necesitamos hacer? **Comencemos a buscar nuestras mentiras.**

Amar sin dudar, **dar** sin testigos, **agradecer** sin rencor, **castigar** sin odio, **poseer** sin vanidad, **educar** con compasión.

Si fijamos totalmente nuestra atención, aunque sea en una piedra, encontraremos el amor y el milagro.

Dentro de un milímetro hay un **espacio infinito.** Dentro de un segundo hay un **tiempo eterno.** Dentro de un individuo hay **millones de millones de vecinos.**

Si lo positivo que obtenemos no lo deseamos también para los demás, se vuelve negativo.

Acariciemos a quien sufre con la delicadeza de una mariposa que teme quebrar la rama donde se posa.

No hay consuelo para la muerte de un ser querido. Si lo aceptamos, con el tiempo el dolor disminuye y el amor crece.

Los cuatro aprendizajes esenciales: aprender a ser, aprender a amar, aprender a crear y aprender a morir.

Otorguémonos todos los permisos:
pensemos lo que queramos,
amemos lo que queramos,
deseemos lo que queramos y
hagamos lo que queramos,
sin dañar a los demás.

**Demos a nuestros hijos la oportunidad
de vivir sus vidas, no las nuestras.**

Mejor que maldecir la oscuridad es
encender una vela. Pero mejor que
encender una vela es crearse ojos de gato.

**La muerte es una ilusión individual.
La vida es un triunfo colectivo.**

Estamos naciendo, estamos viviendo, estamos muriendo, todo al mismo tiempo.

Lo importante no es perder a alguien, es perdernos a nosotros mismos por creer que perdemos a alguien.

Cuando dejemos de querer atraparla, el Ave del Paraíso vendrá a posarse en nuestras manos.

Hoy, antes de salir de nuestra casa, escribamos en las suelas de nuestros zapatos:
"Los otros también son yo".

En este mundo, si queremos obtener una ayuda pidámosla cuando no la necesitemos.

El presente no tiene extensión, pero sí intensidad. Si nuestra vida no es intensa, vivimos en el pasado.

No dejemos que nuestra vida adopte la forma del ataúd donde nos encierran.

El dolor nos hace progresar, con el tiempo se convierte en bendición.

No queramos tener muchas cosas que se parecen a lo que queremos. Queramos tener pocas cosas que sean lo que queremos.

Si queremos la libertad, vomitemos las creencias que nos han sido inculcadas.

Algunos, inmersos en el pasado, luchando por que nada cambie, destruyen su presente.

Si aún nos queda un pelo en la cabeza, no digamos que somos calvos.

Todo es una búsqueda que sólo puede terminar cuando nos convertimos en lo que buscamos.

Los pájaros nacidos en jaulas creen que volar es una enfermedad.

Desde el valle vemos grandes las cosas, desde la montaña las vemos pequeñas. A lo que nos hace sufrir en el valle, mirémoslo desde la montaña.

Nuestra felicidad depende no de lo que nos sucede, sino de cómo interpretamos lo que nos sucede.

No maldigamos nuestros problemas, si no hay nubes no hay lluvia.

Ahora el mundo se ve como un campo de batalla. ¿Cómo volver a verlo como un jardín? **¡Comencemos a sembrar!**

El deseo de dar nos hace florecer. El deseo de poseer nos hace marchitar.

No tratemos de hacer cantar a un cerdo: nosotros perdemos nuestro tiempo y el cerdo se irrita.

**La belleza de quien baila
sin saber que lo miran.**
La belleza de alguien que no
piensa como nosotros y
nos lo dice tranquilo.

Esas espinas que nos hieren vienen del rosal que nosotros plantamos. La próxima vez **sembremos un árbol frutal.**

Nuestros errores también son útiles: indican a los otros lo que no deben hacer.

Las ocho patas de una araña trepan por un solo hilo. **Canalicemos nuestras energías.**

Para comer, es mejor que nos sirvan una sardina pequeña que una gran cucaracha.

Al mismo tiempo somos lo que fuimos, lo que somos y lo que seremos.

Sin obstáculos nada puede adquirir la fuerza suficiente para crecer.

Todo fracaso es un cambio de camino. Todo rechazo es una oportunidad. Toda pérdida es un regreso a nosotros mismos.

Te lo repito: no hay ningún efecto que tenga una sola causa.
En cada acto, por pequeño que sea, interviene el Universo entero.

Aprendamos a desprendernos de los límites inculcados en nuestra mente por culturas que durante siglos nos han impedido el cambio.

Más vale un puñado de abejas que un saco de moscas.

Quien llega a la sabiduría se da cuenta de que uno es muchos y muchos es uno.

El pan compartido sabe mejor.

La realidad nos proporciona el estímulo, nosotros proporcionamos la reacción. El mundo es la suma de nuestras reacciones.

Cesemos de vanagloriarnos: el azúcar nunca afirma que es dulce.

¿Cómo salimos de nuestra cárcel imaginaria? ¡Dando un paso real!

Cada uno de nuestros pasos es un comienzo. Aspiremos a ir donde nunca se llega. Quien tiene miedo de la crítica no se atreve a triunfar.

Cada ser que nace le da un nuevo significado al mundo.

Llegamos a la madurez humana cuando aprendemos a aceptar y a exaltar los valores del otro.

¡No nos rindamos, si nuestra espada es corta, alarguémosla dando un paso!

¿Para qué llegar al silencio? Para poder escuchar a los otros.

Para encontrarnos, espiritualicemos nuestro cuerpo y materialicemos nuestro espíritu.

La memoria es un fenómeno complejo que convierte el pasado en futuro. Es como introducir un zorro en un gallinero.

Emprender un viaje a lo desconocido es un viaje hacia nosotros mismos. **La mente avanza sólo dando pasos en el vacío.**

Puede suceder que nos demos cuenta de que somos un ser humano cuando agarramos un resfriado.

Podemos contar cuántas manzanas hay en un árbol, pero no podemos contar cuántos árboles hay en una manzana.

El Universo es un lienzo en blanco y cada ser humano es un artista con el poder de pintar su propia realidad.

Gran parte de lo que insistimos en ignorar de nosotros mismos, más tarde puede hacernos la vida imposible. Presidentes, dictadores, reyes, todos son parte de Dios, pero sólo Dios es Dios.

Más valen cien pájaros volando que uno preso en nuestras manos.

A los niños se les quiere y cuida para que se hagan grandes. A los países se les quiere y cuida para que se hagan planetas.

Los relojes siempre dicen: "Todos los días son iguales". Liberémonos de ellos.

No sueñes tanto, una docena de huevos no es doce gallinas.

Egoístas, piensen: "Infinitas gotas son un solo mar".

Todo pensamiento está marcado por una época, un territorio, un idioma, una familia, una sociedad, una cultura.

De dónde venimos y a dónde vamos, no lo sabemos. Sólo sabemos que estamos viniendo y que estamos yendo.

**Estando inmóviles
nos recorre el camino.**

¿Fronteras? El cielo es un sombrero lo bastante grande como para contener todas nuestras cabezas.

Los mapas indican un camino, pero no son el camino.

Si queremos saber a dónde vamos, descubramos de dónde venimos.

Gracias, plantas de los pies, por llevarnos a donde nos estamos esperando. No pidamos ser amados, amemos sin límites. **Si queremos triunfar, no luchemos contra nosotros mismos.**

El egoísmo no consiste en vivir como uno quiere, sino en pretender que los demás vivan como nos conviene.

Si nos han dicho: "Nunca tendrás éxito", escribamos en la palma de nuestra mano con un bolígrafo: "Siempre triunfaré".

¿Qué es el odio? Es tragar veneno pensando que le va a hacer daño al otro.

LA VOZ
DE MI ABUELO

Dijo mi abuelo:

Nieto mío, ten cuidado.
Lo que eres, yo lo fui.
Lo que soy, tú lo serás.

"La pereza es la madre de todos los vicios".
Y agregaba: "No siembra el tiempo,
siembran tus manos".

La naturaleza
nos ha dado una lengua
y dos orejas, para que escuchemos
el doble de lo que decimos.

Si te apresuras despacio,
harás más con menos.

Necesitamos dos años
para aprender a hablar
y toda una vida
para aprender
a callar.

Si llueve donde un vecino,
todos tenemos los pies
mojados.

En el ascensor dijo mi abuelo:
"No somos nosotros los que estamos
subiendo, es el edificio el que
está bajando".

En este mundo redondo,
el que no sabe nadar,
se va al fondo.

Si una persona te dice burro,
no le creas. Pero si dos te dicen burro,
comienza a rebuznar.

Un enemigo inteligente
es mejor que un amigo tonto.

El amor es tuerto, el odio es ciego.

Alégrate si tropiezas y caes,
en el suelo tu mano puede encontrar
un diamante.

Les das a tus ovejas un lobo
como pastor y después
te quejas.

Ni nadie es bueno para todo,
ni nadie sirve para nada.

Crees que es una manzana la piedra
que te lanza un amigo.

No te fíes de las apariencias: el tuerto, aunque sólo tiene un ojo, de todas maneras llora.

Demasiada humildad es orgullo.

Cada vez que te callas, las palabras que no dices se convierten en joyas.

No puedes impedir que el ave
de la tristeza vuele sobre tu cabeza,
pero puedes impedir que anide
en tus cabellos.

Si no eres rey, acepta ser semilla.

El corazón del político está en su lengua.
La lengua del pueblo está en su corazón.

Más que al fin del mundo, le temo
al fin de mes.

Si das dos granos de trigo a un pájaro,
él se come uno y Dios hace
una espiga del otro.

No puedes partir nueces con
un plátano maduro.

Si te sientes muy importante,
mete un dedo en el mar, retíralo y mira
el hoyo que deja.

Si tu prójimo es pequeño,
inclínate hacia él.

El buey es lento, pero el camino tiene
toda la paciencia.

Dios me hizo jardinero porque sabe
que en un jardín la mitad del trabajo
tengo que hacerla de rodillas.

Si enciendes tu propia vela,
con ella puedes encender las velas
de muchos otros.

He visto a un hombre crear una fortuna.
Nunca he visto a una fortuna crear
un hombre.

Mastica antes de tragar.
Escucha antes de hablar.

No digas que el alma no existe.
Un pozo no es demasiado profundo,
la cuerda es la que es corta.

Los ceniceros y los ricos,
mientras más llenos más sucios.

Persevera. Si das un solo hachazo
a cada árbol, ninguno cae.

Cree en una nueva primavera
y siembra en invierno.

Una sola mano sin la otra,
haga lo que haga, no logrará desatar
un doble nudo.

Es bueno ser santo pero no tonto:
por exceso de dulzura te devorarán
las moscas.

No seas esclavo del dinero
que no tienes.

Aunque tengas vacíos los bolsillos,
mantén tu espalda recta.

Las mujeres recuerdan a los hombres que las hicieron reír. Los hombres recuerdan a las mujeres que los hicieron llorar.

A donde el corazón se inclina,
los pies caminan.

No trates de atar a
un perro hambriento con un collar
de salchichas.

¿De qué te sirve que el mundo
sea ancho si tus zapatos
son estrechos?

Más vale un pequeño fuego
que te calienta, que un gran incendio
que te quema.

El hombre es capaz de lo mejor
como de lo peor. Pero donde es mejor
es en lo peor.

Si vives en el desierto, no es un mérito
jurar que nunca comerás pescado.

❦

Si comes cerezas con un poderoso,
te expones a que te escupa los cuescos
en la cara.

❦

Si no eres valiente,
fortifica tus piernas.

Sólo cuando el gato está ahíto dice
que el ano de la rata hiede.

❧

Cuando un árbol cae,
lo oímos; cuando crece el bosque,
ningún sonido.

❧

¡No pierdas esperanza, así es la vida,
siete veces hacia abajo, ocho veces
hacia arriba!

Si no aceptas Maestros, el tiempo será tu Maestro.

Mi sueño es morir joven a una edad muy avanzada.

¡Qué agradable es no hacer nada cuando todos se agitan alrededor de ti!

Si vives en un desierto de arena,
no le pidas a Dios que te permita
criar peces.

Selecciona tus amistades: cuando dejas
abierta la reja del jardín, los puercos
pisotean las flores.

No puedes marchar mientras
miras las estrellas si tienes una piedra
en tu zapato.

Quien sólo hace lo que quiere,
encuentra lo que no quiere.

Si robas, pecas una vez. Si te roban, pecas
diez veces por descuidado.

Los hombres jóvenes que se creen santos,
más tarde se convierten en demonios
viejos.

Cuidado: tus muchos y tus pocos
te dañan el alma.

Si das, olvídalo. Si te dan, recuérdalo
siempre.

Vive como si fueras a morir mañana,
estudia como si fueras a vivir siempre.

El que confiesa su ignorancia la muestra
una vez, el que trata de ocultarla la
muestra varias veces.

Quien quiere hacer algo encuentra un
medio. Quien no quiere hacer nada
encuentra una excusa.

Para hacer algo bien, mil días no son
suficientes. Para hacer algo mal, basta un
solo minuto.

Si quieres obtener todo de ella,
no le exijas nada.

La rosa tiene espinas sólo para
el que la quiere cortar.

Cuando les prestas dinero
son tus amigos. Cuando te lo devuelven
son tus enemigos.

Sé como los ríos, nunca dejan
de ir al mar, pero siguen fieles a su fuente
de origen.

Es molesto envejecer,
pero es el único medio que tenemos
para vivir una larga vida.

Deja este mundo más bello de como
lo encontraste al llegar a él.

Logras obtener la miel
sólo arriesgándote a que te piquen
las abejas.

En lugar de maldecir la oscuridad
prende una vela.

El desconfiado que tiene la boca amarga,
encuentra amarga hasta la miel.

La estrechez del corazón es peor
que la estrechez de la mano.

El momento dado por el azar,
vale más que el momento elegido
de antemano.

El gran loro habla muy bien,
pero está en una jaula.

¡Mil perros conducidos por un león valen
más que mil leones conducidos
por un perro!

Cuando las telarañas se unen,
inmovilizan a Hércules.

La vida pasa, el esqueleto queda.

La pobreza es un tesoro que
no cuesta caro.

La hija de la gata, ratones mata.

Cuando una paloma se junta con un cuervo, sus plumas siguen blancas pero su corazón se hace negro.

Ese gran país se siente útil porque les
presta a los pequeños países un paraguas
cuando cesa de llover.

Lo he perdido todo, menos
la felicidad.

Ten cuidado con los buenitos, a veces
mata quien no amenaza.

Es igual que negar, tardar en dar.

Culo de mal asiento, no acaba cosa alguna y emprende ciento.

A cada necio le agrada su propio porrazo.

Sarna con gusto no pica.

Madre engañada, hija desconfiada.

Si te llenas de aire, sólo parirás viento.

El que más habla es el que más tiene que callar.

No te preocupes más, lo que no tiene
remedio, remediado está.

Por más que trates y trates,
si la novia no tiene por dónde entrar,
no serás padre.

Si Dios no perdonara a
los "pecadores",
el Paraíso estaría vacío.

Preparémonos para todo lo que viene.
Si vamos a morir, vayamos enfermando.

El que cree que no necesita a los otros, se equivoca. Y el que cree que los otros lo necesitan, se equivoca más aún.

¡Muchos creen que progresar es cambiar de defectos!

La palabra que no has dicho es tu esclava.
La palabra que has dicho es tu amo.

Antes yo tenía cuatro miembros flexibles
y uno tieso. Ahora tengo cuatro miembros
tiesos y uno flexible.

En el bosque, cuando las ramas se pelean,
las raíces se besan.

Cualquiera que sea tu meta, ella no es el final. Cuando ya no esperas nada, comienza una nueva vida.

Si la madre es cebolla y el padre es ajo, ¿cómo puede ser el hijo mermelada?

Cuando el padre ayuda al hijo, ambos ríen; cuando el hijo ayuda al padre, ambos lloran.

No muestres tus penas.
A la gallina enferma la destrozan las otras
a picotazos.

Buena persona con todos, buen
amigo para nadie.

Rogaré a Dios que me castigue
para ir a derramar mis lágrimas en una
tierra sedienta.

Impide que tu presente sea la prolongación de un ayer insoportable.

La belleza no excluye el peligro.
Su fulgor puede ser uno de los disfraces de la muerte.

Querido nieto, nunca te aceptará todo el mundo. Siempre habrá alguien que te rechazará.

Montados en la lógica galopamos
alrededor de nosotros mismos.

Para escucharme, expulsa las nubes
oscuras de tu cielo interior.

Si no reúnes tus ideas, sentimientos
y deseos en forma coherente, nunca
descubrirás la meta de tu vida.

Los amores imposibles son necesarios
para los adolescentes. Se quedan
en la memoria para siempre y los liberan
de la madre o del padre.

A pesar de sus múltiples defectos,
respeta en cada ser la fragancia
de su alma.

Llega al punto donde inmóvil
en el vacío ya no te preguntes dónde
está tu sombra.

Imagina que los huesos de tu cráneo se cubren de palabras sagradas.

Toca el suelo con la frente para venerar el río de conciencia que circula por el interior de la materia.

No quieras dar a otros aquello que no puedes darte a ti mismo.

No caigas en el error de atribuir una sola causa a lo que es producto de muchas causas.

Si quieres mejorar la calidad de tu vida, cambia tu manera de verla.

Ahora mismo abre tus ojos hacia tu interior. El mayor de los límites es el miedo de verse.

Ya no podemos seguir comportándonos como si las necesidades del Yo fueran naturalmente más importantes que las necesidades del Nosotros.

Si eres agua, no trates de imitar rocas. Si eres roca, no trates de fluir.

La Verdad no es lo que fue, no es lo que será; no es lo que tú quieres, es lo que es.

Serás feliz cuando cada nuevo día estés menos angustiado que el día anterior.

Esto es sólo el comienzo. Hayas sufrido lo que hayas sufrido, eso también pasará.

No te apropies de nada ni de nadie.

Un día dejaremos de rezar y nos pondremos a cultivar patatas.

Del fuego recordamos su luz,
pero olvidamos el madero que se
consume.

Pierdes tu tiempo buscando
un ser o un objeto inmóvil. La vida es
un perpetuo acontecer.

Pierdes la libertad al bautizar cosas
con tu nombre.

Poblaré con ilusiones la ansiedad
del amanecer. Mi alma que nació ciega se
cubrirá de ojos que no temen ver.

No busco la Verdad, sino la autenticidad.
Más importante que la luna es el índice
que la muestra.

Siempre la forma es más pequeña
que su contenido.

En cada segundo anida la
eternidad.

No olvides a tus muertos, pero dales un sitio limitado. Aunque se fueron no los has perdido, viven en tus sueños.

El dinero es como el Cristo: te bendice si lo compartes.

Lo que busco me persigue. Día tras día avanzo hacia el origen. Mi patria son mis zapatos.

Felicidad, flor que se marchita agradeciendo.

Sólo puedes conocer lo que deseas conocer. Si cambias, el mundo cambia.

La meditación es una balsa que te ayuda a cruzar el río. Cuando llegues a la otra orilla, no te quedes a vivir en la balsa.

Cada noche rezo para lograr la fuerza de cesar de rezar... Cada palabra es un Dios cuando enmudezco.

Verdad es lo que es útil. Demasiada perfección es un error. Tratando de valer nos olvidamos de ser.

No te encadenes a nada que a la larga te destruya. Con agua y jabón, hoy limpia cuidadosamente tu sombra.

Escogemos por adelantado nuestro futuro. Nada de lo que nos sucede es fruto del azar. Sombras vacías, avanzamos por el camino de los sueños.

Si buscas poder, deja de ser tu propio enemigo. Entrégate al espejo que no miente para que ceses de sentirte doble. Ve a donde eres.

¿Definirme? ¿Cómo? Sólo me conozco por lo que no soy...

El dinero sólo es tuyo cuando está entre tus manos, pero esas manos no son tuyas.

Si para ti no ser vale más que ser, sacrifica los pasos que pueden definirte, imprime tus huellas en secreto. Los pilares del Universo reposan en tu alma.

No eres Dios, pero Dios es tú... Que tu memoria se sumerja en el futuro.

Hermoso día de primavera. Mi cuerpo grita: "¡No quiero morir!". Quiero irme en el viento, con una voz de agua.

Soy infinito porque mi cuerpo no termina
en mi piel: se extiende sin límites
formando parte del Universo.

❧

Como un ciego que ha encontrado un
tesoro en la basura, dejemos transcurrir
nuestras vidas.

❧

De pronto, al respirar profundo, lágrimas
de alegría sin ningún motivo.

No creo en la revolución política, creo en la re-evolución poética.

No basta solamente con decir, hay que cambiar aquello que llamamos yo mismo. Las manzanas del miedo no tienen semillas. Atrévete y cambia.

Los científicos dicen no creer, pero en realidad creen en no creer. El miedo crea defensas y mantiene a la sociedad sin cambios.

Lo que aquí soy es todo lo que soy.
Poco a poco mi cuerpo se destruye, sin embargo, duermo feliz. Con la alegría de un ladrón con un objeto robado entre las manos veo llegar el nuevo día.

Muero cada segundo sin nunca haber nacido. Nubes que se lleva el viento, hoy es el primer día de mis futuras vidas.

¡Alegría, alegría, aún no pierdo los deseos! ¡Ya no camino, el camino me lleva!

Niños, para ustedes un año más es un canto de alegría. Para mí un año más es un desfile fúnebre encabezado por una gran orquesta.

El cuerpo dice: "No estoy, voy". Sin embargo, la mente dice: "No voy, estoy". La pata de la Eternidad aplasta mi conciencia como si fuera una hormiga.

Mientras mi cuerpo yace en el fondo del abismo doy altos brincos con mi alma. Cuando la fuente se haya secado construiré palacios con la sed.

Libre de todo, incluso de mí mismo, sin nombre, sin edad, sin nacionalidad, desaparecer en lo impensable.

Con crueldad infinita la Eternidad cada día desprecia tu confianza. No sufras por esta angustia inútil. Morir es sólo transformarse.

El mundo es una trama de líneas infinitas.
Todo resuena, como en una orquesta. En
cada piedra se gesta un concierto.

Deja de ser piano, conviértete en
pianista. Transforma tu serpiente
en aureola.

No quieras ataduras, no quieras espejos.
Marchemos juntos, pero hacia
la misma libertad.

Sabiendo que voy a morir, vivo como un inmortal. En torno a nada, por capas crece el ser, como las perlas.

Tus años se acortan. Tus días se alargan. No busques el allá sino el aquí.

Como el hombre no sabe dónde ubicar su transparencia, trata de negarla sin buscar la soledad del corazón para establecerse en la paz interior.

Frente al horror del mundo, la apatía es sólo válida si nos conduce a la compasión.

La sensibilidad que permite la comunión nos fortalece al hacernos vulnerables.

¡Cesa de buscar, aprende a recibir!

Cuando logres el silencio interior, escucharás el llanto del mundo. Un día comprenderemos que nuestros padres son nuestros hermanos.

No me ves. A mi lado vas soñando, sólo te ves en mí creyendo que soy un espejo.

Me dices: "Lo que mostramos es lo que somos, bajo nuestra máscara no hay nada". Pero yo, en las líneas de tus manos, leo el destino de los astros.

En la voracidad del tiempo nadie tiene sentimientos fijos. Todos somos animales perdidos en su propio esqueleto.

Aquí, es siempre en medio del Universo. Seré ahora lo que seré, es decir, todos.

En la caverna maravillosa el tesoro es una sola moneda.

Ningún mortal es simple. El Universo
empleó millones de años en llegar a
producirnos. Nuestro cráneo es un cofre
pleno de tesoros.

Son estrellas las palabras
que los mudos no pronuncian.

¡Cuán rápido cabalga el tiempo!
El reflejo de mi rostro en el antiguo espejo
es el de mi bisabuelo.

Buscando el amor, no hundas tu bastón en un nido de avispas.

Aquello que detestas, quizás es lo que no quieres ver de ti mismo.

¿Piensas que eres eterno? Son huellas, sólo huellas, nunca hubo un caminante.

Si me haces preguntas, sólo puedo darte respuestas. Las palabras no son la cosa. Todo aquello que nombras se convierte en tu espejo.

Si realizas un deseo, no te avergüences de sentirte satisfecho.

Obstáculos mayores: las imágenes de mí mismo.

Ahora sólo espero lo inesperado.
No soy el propietario de los árboles
que siembro.

Es del verdugo la piedad más bella.

Con placeres y disgustos,
certezas y dudas, confianzas y celos,
peleas y abrazos, euforia y angustia:
un verdadero amor.

Sin la luz del Sol, no esperes convertirte en flor.

Si crees en lo que creas, sólo entonces crees en ti.

¡Increíble, soy el dueño de todas las estrellas! Como si fueran mi sombrero, tengo esa aureola para saludar a la gente.

Si vives en un Universo que late como
un corazón, haz latir a tu corazón
como un Universo.

La lechuga también es una rosa,
del mismo modo que tú también
eres un ángel.

¡Que no sean palabras, sino semillas
las que salen de tu boca!

Nacer no es un comienzo.
Morir no es un final.

❧

Quien lucha contra la vejez,
envejece con angustia.

❧

En cada araña duerme un hada, dicen los
vendedores de felicidad. Nos llenan de
humo el sombrero.

En el sendero de la belleza avanzamos sin fijarnos en las espinas, cada catástrofe nos otorga lo sublime.

Agitando sus patas, el escarabajo volteado trata de apoyarse en el cielo. Cuando no hay consuelo, haz del dolor tu Maestro.

¿Dolor de duelo? Los muertos no sufren, sólo tú sufres.

Si no quieres, no te atreves. Si no te atreves, no puedes. Si no puedes, hablas.

Humildad también es reconocer nuestros propios valores.

En un mundo que se desvanece, entrego mi espíritu al vuelo de los pájaros y el cuerpo a la caricia del fuego. Bendigo al cambio continuo.

A mi rabia le he enseñado a darle puñetazos al aire.

Lo desaparecido sigue como un suspiro en los pétalos de la memoria, hasta que se convierte en perfume.

Aquello que buscas te ha encontrado hace mil años. La presa, como un perro fiel, te persigue.

Respetando la felicidad de sus gusanos, dejo la manzana al pie del árbol.

¿Si no amas al Todo,
cómo puedes amar
sus infinitas partes?

Al ladrón que escarba
en tus bolsillos, róbale las manos.

Al canto de los pájaros no le importa que yo sea sordo. Sin mis piernas, el mundo continuará girando.

Cuando el cazador es atravesado por flechas, se da cuenta de su verdadera identidad: él es la presa.

Todos somos necesarios, pero no imprescindibles.

Encumbrado por orgullo, el rayo que te derriba surge de ti mismo.

No sigas las huellas de fantasmas que fingen tener zapatos.

¡Quisiera tener las manos del tamaño de la Tierra, para acariciar el lejano cielo que en tus ojos reina!

Es inútil gritar pan en la boca del hambriento.

Pobre perdedor, nunca dejas ganar al otro.

Si das sin disimular, ofendes o avergüenzas. Pon al alcance en forma anónima.

Busca el equilibrio. Para el ángel el fondo del mar. Para la ostra la cima del cielo.

Entre un "¡no!" y un "no, gracias" la renuncia no es la misma.

Después de tantos y tantos años de meditar, todavía sigo matando pulgas.

Máscara tras máscara tras máscara, cientos y cientos de máscaras, hasta arrancar la última, donde termino yo y comienza el infinito.

El ronroneo del gato permite que mi niño interior no muera.

¡Expulsa de tu cuerpo esos tumores prematuros! La ansiedad es creadora de catástrofes.

Aunque el lobo ya no tenga dientes,
devora con pasión los espejismos.

Mi corazón es un ataúd donde danzan
con alegría mis muertos.

De la rosa que se deshace,
sólo nos queda su perfume.

Me duele morir porque ese recuerdo tuyo,
que llevo incrustado en mi corazón,
se borrará.

Extraña felicidad: el mundo se derrumba
ante mis pies... No vivo en el instante,
¡soy el instante!

Como si arrancara una vieja piel me
desprendo de mi nombre. Llegó el
momento de luchar por ser olvidado.

Vive en lo que es y no en lo que hay.
Si estás aquí, no estés allá.

Cada mañana, como un drogadicto,
me inyecto una dosis de angustia:
leo el periódico.

No te preocupes tanto. Cantan los pájaros.
Viene la lluvia. Se callan los pájaros. Cesa
la lluvia. Cantan los pájaros.

Una trompeta sin trompetista
no emite melodías. Si Dios no quiere,
el santo no puede.

Ahora que envejezco, me cuesta
abandonar cada día. El ruido del mundo,
en el silencio interior, es música.

¿Podré algún día decirle adiós
a mí mismo?

En lo oscuro de mi carne danza
un esqueleto de luz.

Lo que yo te digo no es lo que tú crees oír,
cesa de transformar mi verdad.

Eres tú el dueño, la puerta y el guardián,
entonces ¿qué te prohíbe la entrada
a ti mismo?

Un verdadero sabio es aquel que te ofrece sus conocimientos sin pedirte nada a cambio.

La realidad es la realidad,
no el fruto de tu cerebro.

No todo lo que sucede es lógico. Cuando el verdugo muere, ciertos condenados a muerte protestan llorando.

Una sola forma de hacer un vaso,
mil de romperlo.

Somos el camino, no el caminante.

No se trata de eliminar al ego, sino
de domarlo.

Ni siquiera hay soledad: en el árbol hueco
se ha esfumado el ermitaño.

❧

Santo que no se pudre traiciona
a sus gusanos.

❧

De pronto, mientras pataleaba furioso,
se dio cuenta de que su ataúd
era un huevo.

A veces la paloma que regresa
es el cuervo que se fue.

Porque han asistido al nacimiento de
incontables flores y a la agonía
de innumerables sueños, creen
que lo saben todo.

No creas tener más olfato porque
acumulas narices.

A veces, el remedio es un castigo.

Todo adquiere sentido cuando aparece esa fuerza sublime por la que un ser humano quiere ayudar a otro.

Frente a un problema no hagas lo que puedas sino lo que sea necesario.

Pez de las profundidades, no conoces el éxtasis de la superficie.

¡Cuánto más que yo, sabe la hierba agitada por el viento!

Absolutamente toda la llamada realidad es algo que se sueña. El alma es una flor que se abre una sola vez en la vida.

En todo momento la ilusión fulgura
en el fondo de lo real.

❧

El perro no necesita llamarse perro
para ladrar. Las cosas no tienen necesidad
de un nombre para ser.

❧

Una persona libre produce sin apropiarse
de ello, actúa sin esperar nada.

Si te da pena quebrar sus cáscaras,
cesa de comer nueces.

El santo compadece al cuchillo
que lo hiere.

Donde no hay consuelo, el dolor
es tu único Maestro.

No hagas un nido en la cama,
tu destino es las estrellas.

La tierra dice de cada muerto:
"Es mi canción que regresa".

No importa que la pregunta sea
inteligente o necia, lo que importa es que
la respuesta sea bella.

¡Lección de humildad! Sin perro,
el amo se esfuma.

La Verdad tiene infinitas puertas:
te abre en la que golpeas.

Un Maestro llega a la perfección
cuando se hace invisible.

Vienes de lo que eras, vas a donde serás,
hoy trata de vivir en lo que no es.

Te regalan pequeñas verdades para
venderte grandes mentiras.

Lo que no das se pudre dentro
de tu corazón.

Lo caro o lo barato no es cualidad del objeto: depende de lo que contiene nuestro bolsillo.

¡Intelectual, aprende a morir!

Oyendo el mortal goteo de los segundos, aprenderás a amar la vida.

Lo imposible, si es necesario,
acaba por hacerse posible.

No desesperes. En un fondo secreto tu
espejo esconde su mejor reflejo.

Alégrate. Fuera de lo real, lo increíble
es verdadero.

No temas a la vejez, ella te aporta la
felicidad del desprendimiento.

Los antiguos filósofos pensaban que todo
era un juego. No decían: "Voy a morir",
sino: "Voy a jugar a morir".

Ciertas personas se encuentran bien
dentro de su sufrimiento. Si el calvario
termina, se sienten abandonadas.

Muestra lo que es, tal como es.
Adornarse es un error.

Un día sentirás que Dios es tu hijo.

No es estar en el aquí ni en el ahora, sino en la nada y nunca.

Nada es para siempre.
Con soplidos y paciencia, el viento demuele las montañas.

Me he despojado de todas las ilusiones porque sé que las estrellas son fuegos artificiales.

No definirnos nos define.
Libres de límites alcanzaremos una ausencia digna.

Si el cerebro encuentra su felicidad
en el vacío, el corazón no la encuentra
si él no está lleno.

Buscando con feroz angustia, unos van y
otros vienen. Tú, sentado en una piedra,
eres el camino.

Si Dios no está aquí, no está
en ninguna parte.

No voy a despreciar el presente.
Si hay un más allá no necesito
saberlo ahora.

Soy lo que estoy siendo,
no lo que fui ni lo que seré.

Lo mejor que me pudo haber pasado
en este mundo, fue nacer.

Así como el pez no conoce la palabra
"agua", el santo no conoce
la palabra "milagro".

No hagas esfuerzos enormes,
haz justo lo necesario para que las cosas
se hagan por sí solas.

Aceptando morir sin alcanzar la Verdad,
yo me limito a amar a mi prójimo.

Deja de actuar para acumular méritos.
Eres lo que el otro es.

No pidas ni des: intercambia.

Todas las verdades surgieron de la boca de mi madre. Amo esta nostalgia que llevo clavada en la espalda.

Maldicen a sus padres, se disfrazan de personajes extraordinarios, construyen teorías inútiles, se odian hasta huir de ellos mismos. Se derrumban deprimidos. ¡El amor sólo puede florecer sin mentiras!

Quizás un día podamos abandonar estas ciudades, donde nuestros hijos nacen con una máscara trágica pegada en la cara.

Las ideas, por importantes que sean, con el paso del tiempo siempre acaban siendo motivo de risa.

En nosotros, como en una muñeca
rusa, hay infinidad de seres.

Estamos para siempre juntos
en la eternidad del instante.

En lo más profundo de la depresión
tu alma está viva.

En este mundo donde no hay ninguna
diferencia entre lo grande y lo pequeño, la
verdadera causa de los conflictos
no la conoce nadie.

El Tiempo es la única respuesta
donde aterrizan todas las preguntas.

Lo que aquí soy, es todo lo que soy.
Mi entero pasado puede resumirse
en un grito.

¡Cuando la carnada es más cara
que el pez, deja de pescar!

Confía en ti: hay cosas que sabes
desde que naciste.

No servir para algo no es fracasar,
es tener la oportunidad de conocer
tus límites.

No pongo etiquetas. No digo:
"Un ladrón". Digo: "Este ser humano
se apoderó de algo ajeno".

Algún día te darás cuenta de que esa
puerta que creías cerrada para siempre,
sufría porque nunca intentabas abrirla.

Aunque creas no tener nada,
si te tienes a ti mismo, tienes todo.

Para que alguien te admire domestica
tus dudas alimentándolas con
el pan de la certeza.

Sin moverte no digas: "Puedo caer".
Mejor ponte a perfeccionar tu equilibrio.

Todo aquello que nombras
se convierte en tu espejo.

Ese dolor de cabeza te recuerda
que estás a punto de nacer.

No sabes para qué sirves, pero sirves para algo. Eras algo antes de nacer, serás algo después de morir.

Veo las calles llenas de gente chocando como bolas de billar, presas en su intelecto.

Es imposible conocer la totalidad de lo que acontece. Decir: "Te enseñaré a ver el Todo", es un fraude.

Un grano de sal da sabor a todo el mar. Cuando un ciudadano se ilumina, ilumina a toda la sociedad.

Los inmensos problemas exteriores nos parecen menos importantes que nuestros pequeños problemas interiores.

¡Quien vende una de sus uñas es capaz
de vender su cuerpo entero!

Más vale poco pero real,
que mucho pero ilusorio.

Si te tratan de viejo paralítico,
quítate los guantes y los zapatos y sonríe
agitando tus veinte dedos.

La unidad no es la suma
de los contrarios, sino la exclusión
de los contrarios.

Los milagros se producen sólo en el
momento en que son necesarios.

No confundas el respeto por la Verdad
con el respeto por las creencias. La Verdad
es para todos, las creencias para algunos.

No puede haber Verdad estancada.
No puede haber creencia fluida. Verdad,
un gran río. Creencia, un pequeño lago.

Tú votaste por él, ahora no te quejes.
El rey entra como puede
y reina como quiere.

Lo que te parece imposible, está en ti
mismo desde que naciste.

Filósofo engreído, ¡nunca sabrás cuanto sabe la hierba que danza con el viento!

Espiritualizas a tu diablo, diabolizas a tu alma.

Hay momentos de profunda sospecha hacia la persona que desde el espejo te mira frente a frente.

Si sólo Dios te ve tal cual, ¿cuál de
tus cuales crees que tú eres?

¿Quieres ser poeta? Procura
que tus palabras sean tan bellas
como tus silencios.

Al intelecto demasiado recto
la desordenada locura lo cura.

Para mí, cualquier persona, rodeada
de todo el Universo, es Dios.

En los conflictos de pareja, la solución
no debe ser un ganador y un perdedor,
sino dos ganadores.

No vivas pensando en los males que
te reserva el futuro. ¿Para qué lanzarte
al agua antes de que tu barca naufrague?

No se trata de vivir corto o largo: se trata de vivir el lapso de vida que el Cosmos nos ha otorgado.

¿Cuando le das una moneda a un mendigo, te das cuenta de que te la estás dando a ti mismo?

Un árbol hunde sus raíces en la tierra y sus ramas en el cielo. De esta unión nacen sus frutos.

Vivir es lo más importante.
Si no hago lo que debo hacer fracaso,
pero no me muero.

El corazón siempre está lleno de amor.
Pero cuando esta blindado, a pesar de
amar, no puede dar.

Los cementerios están llenos de
individuos que se creían indispensables.

¿Más vale estar sentado que de pie,
acostado que sentado, muerto que
acostado, no nacido que muerto?
Más vale estar de pie amando la vida.

En el país de los tuertos anda
con un ojo cerrado.

Si una gallina empolla sus huevos
por más de veintiún días, mata a los
futuros pollos. La tarea que no se termina
no produce un comienzo.

El amor siempre es posible: en los ojos
del joven arde la llama, en los ojos
del viejo arde la luz.

Alcanzarás la plenitud de tu fuerza
cuando aprendas a no dañar.

De nada vale rogar. Lo que no tiene
remedio, olvidarlo es lo mejor.

La edad sólo la padece el cuerpo.
El espíritu no tiene edad. Lo que eres hoy, lo serás siempre. Lo que no eres hoy, nunca lo serás.

¿Andas pidiendo favores?
Hazte digno de un favor y nunca tendrás que pedirlo.

No adornes, no chacharees, no vayas sin razón de un lado para otro, no mendigues la notoriedad: el moverse mucho no engaña a la muerte.

Ten cuidado con las soluciones rápidas:
cuando lo negro se destiñe,
lo blanco se ensucia.

El que no sigue su propio camino,
pierde la alegría de vivir.

Sabio egoísta, no dejes tus conocimientos
como herencia, repártelos en vida.

Nacemos por un hueco, respiramos y comemos por un hueco, al fin nos vamos a un hueco, Dios es un hueco.

Es posible enamorarse en un solo segundo, un cruce de miradas basta.

Cada bomba que se dispara
es el negocio de alguien.

No cuentes lo que tienes frente a los que no lo tienen. Se le lanzan piedras al árbol cargado de frutas.

No reveles tus planes antes de realizarlos. No se cazan liebres haciendo sonar un tambor.

Sobre una montaña de panes, los avaros se quejan de que tienen hambre.

Los malos obreros siempre dicen que no tienen una buena herramienta.

Nuestra frustración es causada por unos padres que nos piden ser lo que no somos y nos culpan por ser lo que somos.

No desprecies las adquisiciones pequeñas: grano a grano, la gallina llena su buche.

Hay mentiras sagradas. Por ejemplo: a preguntas indiscretas, puedes responder con un dato falso.

La mala suerte existe: cuando llueve sopa, algunos mendigos sólo tienen tenedores.

Con la vejez se alcanza la cumbre de nuestro proceso. El Dios interior no conoce la decadencia.

El niño pide, el adulto invierte. Si quieres cosechar dinero, tienes antes que sembrarlo.

Felicidad es gozar de la existencia aun cuando los problemas te acosen.

Un buey hace enormes esfuerzos para arrastrar un carro lleno de piedras. La gente, sin reparar al animal, compadece al carro.

Algunas veces la realidad es incomprensible. Casi todos los sabios tienen un hermano loco.

Millonario, ¿de qué te sirve acumular tanto dinero? Tu ataúd no tendrá bolsillos.

No juzgues a alguien antes de tiempo. Sólo cuando el árbol ha caído se puede medir su definitiva altura.

Aprende a valorar a los seres y las cosas:
un buen albañil sabe utilizar todas
las piedras.

¿Sufres por ser cojo? Identifícate con tu
pierna corta. Entonces sentirás con alegría
que tu pierna larga es un regalo.

Imposible ocultarlo: tu amor es ciego,
pero todos los otros lo ven.

La grandeza o la pequeñez son conceptos
subjetivos: al escupitajo en que se ahogan
lo llaman mar.

No te preocupes si la multitud
te odia, preocúpate de amarte
a ti mismo.

¿Estás segur@ de que l@ detestas?
Antes de morder ve si es pan o piedra.

Pones un ladrillo sobre otro: comienzas a construir un edificio. Rasgas con la uña el muro de un edificio nuevo: estás comenzando una demolición.

Muchos temen conocerse a sí mismos. Si el buceador le teme al hocico del tiburón, nunca obtendrá la perla preciosa que este ha tragado.

Algunos padres cuando dicen:
"¡Nuestro niño crece!", olvidan que
su vida se acorta.

No aplaudas las exhibiciones de riqueza
de los poderosos: un plato de oro no vale
nada si derraman tu sangre dentro.

Todo es efímero: cualquier encuentro
puede ser el comienzo de una
separación.

Doma tu lengua. Aprende a callar
lo que no estás obligado a decir.

Si en la mañana te burlas de los viejos, en
la noche destruyes la casa donde habitas.

¿De qué te sirve contestar y contestar si
antes no has escuchado las preguntas?

¿Miedo a ser abandonados? Si estamos con nosotros mismos, estamos acompañados.

Cuando la savia se convierte en luz, cada espina gesta una flor.

LA VOZ
DEL DESCANSO

1

Descansar cada domingo es cortar los lazos con que los seis primeros días de la semana nos amarran con toda clase de trabajos:

"No leeré las noticias, no pensaré en la muerte del planeta, no me sentiré amenazado por una crisis económica, me entregaré al dulce no hacer nada, tratando de encontrarme a mí mismo, dándome cuenta de que la vida es el mayor tesoro que tenemos".

Ceso toda actividad,
para gozar de este día más de vida.

Descontraigo mi boca limpiándola de palabras.

Descontraigo mis manos liberándolas
de sus ansias de poder.

Descontraigo mis pies bendiciendo el sitio
donde existo.

El sitio donde existo es el planeta en el que
viajo feliz a través del espacio infinito.

La vida es bella cuando se es feliz de vivir.

2

Este domingo es mi día de descanso.

Hoy no se trabaja ni se hace trabajar a nadie.

Las cosas más importantes son dos regalos esenciales: la Vida y la Tierra.

El planeta produce nuestra preciosa existencia.

El descanso semanal, cofre del tesoro vital, ayuda a la salud de nuestro cuerpo. La Tierra más la Vida me otorgan el Amor que es la felicidad mayor.

El descanso de mis manos es acariciar las dulces manos de Pascale, mi esposa.

3

Hoy es domingo, día de descanso. En nuestra intimidad cambiemos rápido LO QUE PODEMOS CAMBIAR.

"Las lágrimas más amargas son las que no hemos derramado".

Cuando yo era niño mi padre me dijo: "Los hombres no lloran".

Toda la vida he sentido la amargura de mis lágrimas no derramadas.

Hoy buscaré en mis recuerdos aquellos momentos en los que no me permití llorar y lloraré todo lo que entonces no pude.

4

¿Cómo descansar? Nuestra civilización vive en la angustia. Nuestro intelecto cree que nunca conocerá la Verdad.

Descansamos si aceptamos que todo lo que existe es verdadero. La mentira sólo es ignorar la verdad.

El corazón, símbolo de la energía emocional, ansía sumergirse en el amor, avanzando de decepción en decepción, a pesar de que la fe le dice: "Todo es amor. El odio es sólo ignorancia del amor".

El sexo creativo busca la satisfacción total. Pero esta satisfacción está amenazada por una constante insatisfacción.

No nos damos cuenta que el Universo entero es un orgasmo infinito.

Creemos que nuestro cuerpo obtiene la felicidad sólo trabajando sin descanso para obtener esa infelicidad que es el dinero, sin darnos cuenta de que cada uno de nosotros es inmensamente rico porque posee el mayor de los tesoros: la vida eterna.

La muerte no existe, es sólo un cambio.

Voy a pasar un domingo sin hacer nada más que vivir.

La vida es bella. Todos, juntos, somos un solo ser.

5

Hoy es domingo, mi día de descanso.

Dividimos el tiempo en semanas, cada una de
siete días, seis días de trabajo, uno de descanso.

Los días de trabajo corresponden a planetas.

El lunes es la Luna, el martes es Marte, el
miércoles es Mercurio, el jueves es Júpiter,
el viernes es Venus, el sábado es Saturno, el
domingo corresponde al Sol, todo gira alrededor
de él, es la fuente de la vida, es el descanso.

En resumen, seis días de actividad, más un día
de absoluto descanso.

El Sol da la vida a todos los planetas.

Te invito a que AHORA practiques los seis
descansos esenciales.

Uno: descansa de tu nombre. Tu nombre es
sólo algo útil pero en realidad no es una parte
tuya, es una etiqueta. Tú podrías tener millares

de nombres. En el día de descanso, el nombre desaparece porque no somos individuos, sino la humanidad entera.

Dos: la edad desaparece. Hoy no tienes edad. Ella es sólo una mutación del cuerpo. El espíritu es inmutable y no tiene edad.

Tres: descansa de la nacionalidad, las fronteras son imaginarias. Todos los seres humanos somos terráqueos.

Cuatro: no tienes una raza. La forma del cuerpo o el color de su piel son detalles de lo mismo, pertenecen a un ser humano.

Cinco: descansa, no tienes un solo oficio, puedes tener todos los oficios. Los oficios son impuestos por la educación. El cuerpo humano no tiene límites. Absolutamente todos los cerebros humanos son geniales. La ruptura de los límites cerebrales en el esoterismo se llama "iluminación". Hasta el más "estúpido" se puede iluminar.

Seis: puedes descansar de tu religión exclusivista. Así como el Sol es para todos los planetas, hay un solo Dios para toda la humanidad.

6

Hoy es otra vez domingo.

DESCANSA.

No necesitas trabajar ni forzarte.

Posees la riqueza más grande: la Vida.
No hagas nada, solamente celebra que estás
viva o vivo.

¡Descansa, descansa, descansa, descansa,
descansa, descansa, descansa!

7.

Día de descanso.

DEJO DE SER lo que los otros, la familia, la sociedad, el mundo, quiere que yo sea. No hago ningún esfuerzo. Simplemente vivo.

Olvido que el dinero existe. No compro nada. No leo los periódicos. No me afeito.

Trato de comer lo menos posible, ayuno, hago descansar mi estómago.

Si puedo no hablar no hablo, hago descansar mi mente. Lucho por olvidar todas las palabras. Simplemente me entrego al silencio.

Olvido mis rencores. Acepto amar todo lo que existe.

Guardo en un cofre imaginario la mayor parte de mis deseos.

No trato de ser algo, simplemente acepto lo que en verdad soy, aunque no he logrado saber lo que soy.

Me pongo mis zapatos más viejos para dar un paseo sin finalidad.

Agradezco el inmenso placer de respirar.

Me despego del pasado y del futuro.

En el presente no soy sino que estoy siendo.

8

Creo que la carta del Tarot que es
EL COLGADO simboliza el descanso.

Tiene los brazos detrás de la espalda. Eso significa que ha decidido no escoger sino aceptar lo que la vida le da.

Tiene un pie y una pierna atados y otra pierna doblada. Eso significa que no busca nada lejos de sí mismo.

Los árboles que lo acompañan tienen las ramas cortadas. Eso significa que él se desprende de toda amarra.

Solitario, sin ayuda, sin elegir actuar como no lo es, sin ninguna meta ilusoria, absolutamente solo consigo mismo deja pasar el día.

No tiene definición, sólo está en un momento de constante transformación. Mente vacía, no piensa, sólo recibe los pensamientos que le envía el cerebro. Corazón lleno, no trata de apoderarse de nadie.

Tampoco trata de figurar haciendo grandes esfuerzos publicitarios.

Humildemente es lo que es.

Hoy, día de descanso, se entrega al inmenso placer de estar vivo, nada más.

9

Hoy, séptimo día sin esfuerzo después de seis días de diversas angustias, nos entregamos al descanso.

El descanso de la mente es UN VACÍO SILENCIOSO DESPROVISTO DE PALABRAS. Las palabras indican las cosas pero no son las cosas. Decir "azúcar" no endulza nuestra lengua. Un mapa nos indica la situación del territorio, pero no es el territorio.

Mente vacía, corazón lleno.
　　Sólo descansamos cuando nos embarga el amor.
　　El descanso de la mente es la soledad.

El descanso del corazón es la presencia del ser amado.

Pascale, tu presencia me otorga la ausencia de la angustia.

En el centro sexual logramos el descanso cuando estamos satisfechos.
Sin el placer natural, no hay descanso.

Por último, un día a la semana para pasarlo en paz, debemos cesar de trabajar. Este descanso de un día nos permite alargar lo más precioso que tenemos, la Vida. Agobiarnos por el trabajo nos acorta la vida.

El descanso es tan sagrado que en el capítulo Génesis de la Biblia, hasta Dios descansa.
Él, que es Creatividad Pura, cesa de crear y entonces el Universo entero florece como un paraíso.

Querida alma que me lees, sumérgete hoy en el amor total sin hacer el menor esfuerzo y goza de estar viva, nada más.

Me entrego al dulce "hacer nada".

10

Muchas personas no saben descansar.

Tuve un Maestro de meditación Zen de nombre EJO TAKATA.

Cuando le conté mis dificultades para realizar un correcto día de descanso, me contestó:

"Es muy fácil hacer eso. Simplemente en ese sagrado día, no construyas ni destruyas, es decir, no sumes, ni restes, no multipliques, no dividas.

Sé simplemente lo que eres en el instante en
que tratas de descansar.

Eso se llama meditar".

Aceptar el vacío completo una vez por semana.

Encontrar en ti lo que no cambia.

No forzarte, ni en pensar ni en tener
emociones, ni deseos, ni hacer trabajos físicos.

Simplemente descansar de todo.

Esto que te he dicho, lo debes aplicar también a
los otros.

No hagas trabajar a nadie.

Deja tranquilo al mundo.

11

Una buena cantidad de domingos he estado hablando del descanso necesario en este día.

Hoy, no puedo hacer esto porque al mismo tiempo que un día de descanso, es el día de FIESTA DE LA NAVIDAD.

Desde hace miles de años, hoy se celebra el fin del crecimiento de la oscura noche y el comienzo del crecimiento del luminoso día.

Eso me hace pensar que somos seres dobles, formados por un espíritu y un cuerpo.
¿Cuál de estos dos aspectos es el más importante? ¿Somos un cuerpo que tiene un espíritu o somos un espíritu que tiene un cuerpo?

A riesgo de equivocarme, pienso que estas dos posesiones son simultáneas. Mayormente en el planeta de hoy, nuestro cuerpo se apodera del espíritu, sumergiéndose en los mecanismos de la Industria.

Por otra parte, una minoría entregada por completo al intelecto le cede al espíritu la dirección de su vida.

Somos seres dobles, un matrimonio muy complejo de lo espiritual y de lo corporal.

La acción del cuerpo se divide en tres partes principales, carne, huesos y sangre.

El espíritu también se divide en tres partes, centro intelectual, centro emocional y centro sexual, metafóricamente hablando, acción del cerebro, acción del corazón y acción del instinto sexual: dos triángulos entremezclados formando el signo cabalístico de la estrella de seis puntas.

¿Cómo unir estos dos aspectos tan diferentes?

El cuerpo necesita comer, respirar, someterse a ejercicios físicos.

El espíritu necesita pensamientos, emocionarse y desear.

Se hace difícil descansar. Para lograr esto, el espíritu debe pensar uniéndose al respirar del cuerpo, debe emocionarse siguiendo el ritmo de su alimentación, debe desear aceptando el poder creativo.

Todos nosotros, más que individuos, somos un par de mellizos semejantes a la estrella de dos triángulos entremezclados.

Sin esta unión de cuerpo y espíritu, nadie puede realizarse, por carencia de felicidad, interiormente viviendo en una guerra interior.

Hoy, día del nacimiento de la luz, celebremos la unión equilibrada del cuerpo y del espíritu.

12

A cualquier hora del sagrado domingo,
día de descanso, haz este EJERCICIO DE
PSICOTRANCE.

Imagina que son las siete de la tarde,
concéntrate bien y piensa que tienes entre
tus manos un globo blanco que has inflado
soplando con tu esperanza, sintiendo que es el
alma de la Tierra, tu Sagrada Madre.

Acaricia ese imaginario globo con el mayor
amor posible, con ternura, agradecimiento,
admiración y respeto infinito.

Siente su actual dolor, su enfermedad.

Desliza tus manos por su imaginaria superficie
blanca, comenzando a limpiarla de todas las
escorias que la cubren.

Libérala de la polución de sus aguas, de su
suelo, de su cielo.

Elimina las acumulaciones de armamentos,
a los políticos corruptos, a los dictadores
ególatras, a los banqueros deshonestos, a los
comerciantes envenenadores, a los artistas
prostituidos, a las multinacionales vampiras, a
los traficantes de drogas, a los multimillonarios
avaros acumulando un dinero abstracto...

En fin, elimina todo lo que te parece insano o
falso.

Limpia imaginariamente con tus palmas
amorosas el hambre, los racismos, las guerras
por el petróleo, por el gas, por los minerales...

Elimina la misoginia implantada por hombres
perversos, equilibra el sitio de la mujer en la
sociedad...

Cuando sientas que has limpiado el alma de
la Tierra, comienza a dar fertilidad, paz, amor
sublime, hasta que sientas que tienes entre tus
manos un ser vivo, un edén...

Danza con esta Tierra imaginaria, a la que
sientes latir como un corazón y luego abre una
ventana y envíala al exterior de tu hogar para

que se eleve y se una con todas las otras esferas imaginarias que personas conscientes como tú han lanzado hacia ese sueño llamado "realidad".

13

El domingo es el día del Sol. El Sol no es ni
un satélite ni un planeta, no gira alrededor de
nadie, gira alrededor de sí mismo.

La Santa Biblia dice que Dios creó el Universo
en seis días y el séptimo día, descansó.
    ¿Cuál es ese descanso si Dios es el ser real y
todos nosotros un sueño divino? Creo que Dios
descansó de sí mismo.

¡Sigamos su ejemplo: hoy descansemos de
nosotros mismos!
    Comencemos por reposar todos nuestros
músculos incluyendo los ojos.
    "No leeré, no escucharé ni veré las noticias
porque para vender más, están llenas de
guerras, epidemias, derrumbes económicos,
industrias malsanas, etcétera... todo aquello
destruyendo a la humanidad y su planeta
Tierra.

Seré libre de colgar mi ego en el ropero,
de cesar de mirarme en los espejos, hacerme

invisible. No soy un cuerpo que tiene un espíritu, soy un espíritu que tiene un cuerpo".

Con muchísimo gusto, olvidando mis seis días de trabajo obligatorio, pasaré contigo este domingo pleno de luz espiritual.

Tú y yo hoy seremos lo que verdaderamente somos y no lo que la gente ego-ista quiere que seamos.

La más bella libertad es ser lo que uno es.

14

Sólo cuando hacemos nada, nuestro entero ser se convierte en UN MARAVILLOSO TODO.

No vemos nada, lo vemos todo.
    No escuchamos nada, lo escuchamos todo.
    No olfateamos nada, lo olfateamos todo.
    No saboreamos nada, lo saboreamos todo.

En la lengua no acumulamos palabras, sino que acumulamos sonidos que expresan nuestros sentimientos.

Libremente por la piel circulan los deseos.

El esqueleto, cesando de soportar la gravedad terrestre, se mueve como volando.

El "delicioso hacer nada" es encontrarte contigo mismo, cosa que te enriquece porque también te encuentras con lo que te rodea en tu hogar: el gato, los muebles, las sillas, los platos, los cuchillos, cucharas y tenedores, las botellas, los wc, las lámparas, los libros, los discos de música.

Durante nuestros seis días de trabajo nos comportamos como seres dormidos.

Es en el "delicioso hacer nada" que todos los objetos despiertan.

Aprovecha este día para darle cariño a lo que te rodea. Coloca ruedas en tu silla preferida y sácala a pasear por tu barrio.

De la misma manera que paseas a tu silla, pasea tu conciencia por el interior de tu cuerpo. Comienza captando con placer los latidos de tu corazón. Imagina que ellos son esa silla que paseas.

Siente que respirar te aporta la más hermosa
sensación que es la de estar vivo.

En tu sangre navega la Vida eterna.
En tu carne se extiende el infinito.
En tus células nunca cesa el cambio
continuo.

En este día de descanso, te estás preparando
para recorrer el Universo entero.

15

Este domingo no es sólo un día donde no se trabaja, puede ser también un día en que DESCANSAS DE TI MISMO.

Casi todos nosotros, animales humanos, vivimos prisioneros de una enseñanza que nos tatúan en el alma: "Esto que estás viendo y no viviendo es la realidad".

Descansar más bien es darte cuenta de dónde vives, cosa imposible por su inmensidad.

En el momento en que me lees, estás viviendo en un espacio infinito y un tiempo eterno.

Tenemos que aceptar que en ese cambio constante que llamamos muerte, nunca podremos conocer al Universo entero. Es tan inmenso el mundo verdaderamente real que ni siquiera podemos imaginarlo.

Más aún es muy posible que no estemos en un Universo sino en millones de universos.

El único descanso que nos queda hoy es cesar de querer ser eternos e infinitos. Gocemos de nuestra inmensa pequeñez.

No nos preocupemos de nada, vivamos tranquilamente en este segundo de vida que aquello que llamamos Dios nos concede.

Por efímero, cada segundo de vida es un diamante precioso.

Cada instante en que no necesitamos trabajar es un regalo supremo.

Hoy dejemos que los pensamientos se disuelvan en el silencio, que los sentimientos se disuelvan en la paz, que los deseos se disuelvan en la satisfacción de no desear, que las necesidades vitales se disuelvan en la aceptación de una muerte tranquila.

La vida es muy corta pero deliciosa.

16

Yo creía que los seis primeros días de la semana, plenos de trabajo, me agotarían. No contaba con una fatiga mayor, la de descansar.

Si quiero reposar mi cerebro en este sagrado domingo, vacío mis neuronas a tal punto que parecen gusanos negros.

Cuando despojo mi territorio cerebral de palabras, mis músculos se contraen tratando de no pensar.

Pero en ese inmenso silencio se deslizan cuatro mínimas letras mayúsculas que unidas forman la palabra DIOS.

Preso como un ratón blanco en la trampa mística, me paso el día entero tratando de definir esa inmensa, gigantesca, tremenda, maravillosa entidad que llamamos Dios, para, a las doce de la noche, caer en la cama balbuceando "Dios es aquello de lo que nada se puede decir"...

Descanso un segundo y me disuelvo en el sueño.

Lo mismo me sucede cuando trato de sentir el amor no sólo humano sino también cósmico.

¿Cómo es el Universo en el que existimos, si visto desde el exterior es una cosa tan inmensa, inmensa, inmensa, inmensa, que ni siquiera con millares de esfuerzos dementes, puedo visualizar?

No me queda más que murmurar: "El Universo es mi sábana". Multitud de ronquidos invaden como una marabunta mi sistema nervioso.

Lamento decirte que mi día de descanso es el motor que más hace trabajar a mi imaginación insatisfecha.

La única solución que he encontrado a este problema es descansar profundamente no sólo de mí mismo, sino también de todos mis sueños.

17

Hoy, domingo, me pregunto: ¿CUÁL ES EL DESCANSO MÁS IMPORTANTE?

No me queda más que pensar que debemos cesar de acortar nuestra vida.

La Vida es el más importante de los tesoros.

El enemigo mayor de la Vida es el asesinato.

Nosotros, los seres humanos, para alimentarnos, no cesamos de asesinar animales. Devorar un ser viviente, que sea de mar, tierra o cielo, es un crimen.

¿Qué podemos hacer?

Si nos alimentamos así es porque la Naturaleza nos ha dado una dentadura de carnívoro.

¿Eso significa que es esencial devorar carne?

Todo ser viviente sufre cuando se le destruye.

¿La Naturaleza sabe lo que hace?

¿Nuestra conciencia puede rechazar esta enorme crueldad?

Lo confieso, cada vez que mastico un animal,
por pequeño que sea, siento una gran pena.
No puedo dejar de pensar que la Naturaleza
ha cometido un error. No es justo devorar la
vida de nadie. Pero tampoco es justo morir de
hambre. ¿Cómo puedo encontrar una solución a
esta terrible prueba?

"No quiero asesinar a ningún ser viviente".

Eso lo dice mi mente, pero lo niega mi
cuerpo.

Este, con sus dientes puntudos, está
dispuesto a aceptar comer, una vez por semana,
sólo vegetales. Y carnes diversas seis veces por
semana...

Hay problemas que sólo nos es posible
solucionar con una mutación corporal que
cambie nuestra dentadura y nuestro sistema
estomacal, ambos carnívoros. Cada día se me
hace más difícil tal problema.

Puede que la solución, antes de una mutación
corporal (cambiar la forma de los dientes y la
del sistema digestivo, que necesitará varios
siglos para realizarse), sea "Comer y dejar
comer".

Otra solución podría ser inocular con piadosos anestésicos a los animales de mar, cielos y tierra, antes de matarlos, lo que no quitaría la ferocidad criminal.

¿Y si los vegetales, también seres vivientes, sufrieran en silencio cuando los devoramos?

18

¿Qué más te puedo decir?

Tal como una tortuga enorme, avanzo lentamente arrastrando el pasado.

¿Cómo descansar con tantas cosas que ya no existen, que sólo son fantasmas en forma de recuerdo?

Para comenzar, noventa y cinco años de existencia inaugurados por un nacimiento donde me desprendo del paraíso que es el vientre materno. Y a este nacimiento se une el pasado del mundo, miles de miles de millones de años donde, de pronto, en la más completa oscuridad, en el más sordo vacío, surgiendo de un mínimo punto, como una infinita y eterna flor, arrastro al Universo.

Si quiero descansar, debo desamarrarme del pasado, un inmenso milagro que ha cesado de existir.
¡Uf, qué liberación!

Pero sigo cansado.

Me fatiga enormemente el futuro que me espera en cuanto me despierte.

Los nuevos años ya muy escasos, me arrastran hacia el día final, mi disolución en el futuro eterno, mi alma nadando en el espacio sin límites.

De esa danza universal que aún no existe.

Si quiero descansar me sumergiré en este monumental presente del tamaño de millones de universos.

Esa es la conciencia, un instante que no tiene límites.

Me estoy durmiendo. El Universo está durmiendo.

Lo único que existe que no es un sueño, es en mi reloj este segundo bendito.

Hasta mañana, si es que hay un mañana. Siempre, pero siempre, todo será hoy. Si no hay pasado ni futuro, puede que la Vida sea bella y eterna.

19

En un domingo como hoy, día de descanso, mi abuelito siempre me preguntaba: "¿Qué creó Dios primero, el huevo o la gallina?".

Yo me ponía a llorar. Tenía cinco años. Vivía en el Presente, en un mundo donde cada cosa y cada ser eran eternos. Nada comenzaba, nada terminaba. Todo estaba ahí para siempre...

Hoy, domingo, a cinco años de cumplir cien años, sigo sintiendo lo mismo.

No puedo comprender que una semana
tenga seis días de trabajo y uno de descanso.

Con todo mi corazón, quiero que cada semana
tenga UN DÍA DE TRABAJO Y SEIS DÍAS DE
DESCANSO, comprendiendo por trabajo, todo
lo que estoy obligado a hacer y por descanso,
todo lo que me gusta hacer.

Cada domingo me transformo en un niño de
cinco años.

Por más que busco elegir en el Tarot de Marsella
una carta que me dé la razón, siempre elijo, sin
haberlo querido, el Arcano 13, esqueleto sin
nombre, persiguiendo el símbolo de *El Loco* (*Le
Mat*), el Arcano sin número que representa la
creación eterna, no como un trabajo, sino como
una danza de felicidad.

La Vida es bella porque nunca termina.

20

Hoy, agotado desde las uñas de mis pies hasta las canas de mi cabeza, me entregaré al "dulce HACER NADA"...

Sólo puedo mostrarte cómo estaré el día entero saboreando el angélico ronroneo de mi gata Dulce.

Me doy cuenta de que cesando de trabajar, vivo en un paraíso hogareño.

21

No puedo cambiar al mundo, pero sí puedo cambiar algunas de mis maneras de pensar.

"Nunca" por "Muy pocas veces".

"Siempre" por "A menudo".

"Infinito" por "Final desconocido".

"Eterno" por "Fin impensable".

"Permanente" por "Cambio continuo".

"Un año" por "Una vuelta alrededor del Sol".

"Mi obra" por "Lo que he recibido".

"Así eres" por "Así te percibo".

"Lo mío" por "Lo que ahora tengo".

"Morir" por "Cambiar de forma".

"No sé si viviré mañana", pero sé que siempre viviré en alguna memoria.

"No sé lo que puede suceder", pero sé que a la larga todo es para bien.

"No sé si ganaré", pero sé que no me importa mucho perder.

¡Alegría, alegría, alegría! ¡Lo que doy me lo doy... lo que no doy, me lo quito! ¡No quiero nada para mí que no sea también para los otros!

Consejo: te propongo que en domingo revises algunas de tus definiciones para darles un significado más amplio y más cerca de la Verdad.

Te lo repito, todo es para bien.

22

Mi día de descanso lo emplearé en compartir
contigo ALGUNAS IDEAS POSITIVAS.

No somos "yo", somos "nosotros".

No vivimos en un país, vivimos en un planeta.

Sé lo que eres, no lo que los otros quieren que
tú seas.

Lo que das, te lo das.
Lo que no das, te lo quitas.

Nada comienza, nada termina, todo es
continuación.

El Universo sabe lo que hace.

No es antes, no es después, todo es ahora.

¡Patriota, no dividas: une!

¿Si no es ahora, cuándo?

¿Si no es aquí, dónde?

¿Si no eres tú, quién?

No podemos cambiar al mundo, pero sí
podemos comenzar a cambiarlo.

La muerte es sólo un cambio. La vida nunca
termina.

Todo lo que tenemos, nos ha sido dado para que
un día lo demos.

El pasado ya se fue, el futuro aún no llega, el
presente es un punto eterno.

En este mundo, cualquier punto que tires hacia
ti arrastra al mundo entero.

En todo momento estamos naciendo, estamos
viviendo, estamos muriendo, estamos
renaciendo.

23

Después de seis días de trabajo intenso, hoy domingo es mi día de descanso, día en que puedo inútilmente tratar de cambiar al mundo, me consuela tratar de cambiarme a mí o a ti.

En esta difícil tarea, voy a tratar también de entretenerme un poco contigo.

A. Abuelos, padres, hijos son partes de mí pero sólo yo soy Yo.

B. No busques corazones en un bosque de esqueletos.

C. Nuestro esqueleto no tiene pensamientos, ni sentimientos, ni deseos, ni necesidades, pero es nuestro mejor amigo.

D. ¡Basta! Cesemos de tratar de mordernos la nariz o la nuca para que nos aplaudan.

E. El amor, como la Luna, cuando no crece, disminuye.

F. El dinero que sólo nos llena nuestro bolsillo, vacía nuestro corazón.

G. Es triste pensar que quien vende sus cejas puede también vender sus ojos.

H. Zapatos estrechos, pies heridos. Zapatos enormes, pies desesperados.

I. Las ocho patas de una araña trepan por un solo hilo.

J. Padres, no le pidan a un chimpancé que sea un King Kong.

K. Para comer, es mejor que te sirvan una sardina que una chuleta de cocodrilo.

L. No somos uno, somos cinco:
Nuestra mente piensa, nuestro corazón siente, nuestro sexo desea, nuestro cuerpo necesita y nuestra conciencia suma o elige.

M. Si eres lo que crees ser, haces.
Si eres lo que crees parecer, deshaces.

N. La mejor despedida es un abrazo.

24

Me pregunto: ¿ES POSIBLE DESCANSAR?
Creo que no es posible.

Para descansar de algo, necesitamos conocer por completo ese algo.

Si no es así, ese algo se puede amarrar firmemente a nuestra Vida y hacerla imposible.

La realidad en la que vivimos no es una realidad total.

Es sólo una parte de la realidad.

Tenemos una vida muy corta.

Hay animales, plantas y minerales que ya existen desde hace miles de años.

¿Por qué no nosotros?

Todos los gatos ven en la oscuridad, nosotros no.

Mientras nosotros despreciamos los excrementos, hay plantas y animales que se nutren con ellos.

Las abejas fabrican miel, algunas arañas fabrican veneno.

Las cosas son una parte de la realidad, sólo una parte.

La totalidad de las cosas es imposible para nosotros conocerla.

Lo que es bueno para algunos es mortífero para otros.

Las mujeres producen hijos al interior de su cuerpo.

No hacen lo mismo las aves que no producen hijos sino huevos.

No conocemos el Universo en el que vivimos.

No sabemos si hay un Universo o varios universos.

Cada elemento, cada mente conoce sólo una parte de la realidad.

Muchos de nuestros conocimientos son ilusiones.

Creemos que la noche existe, cuando es sólo una sombra.

No tenemos oídos suficientemente desarrollados para escuchar la inmensidad de sonidos que producen las plantas.

Nos es imposible descubrir lo que hay en el centro de nuestra Tierra.

¿Cuál es el verdadero largo de nuestra vida?
¿Ciento cincuenta años? ¿Y por qué no
diez mil años?

La naturaleza nos da una vida demasiado corta
para que la hagamos grande.

Tampoco conocemos el fondo de los océanos.
Tampoco conocemos lo que hay en nuestro
cerebro.

Vivimos en países imaginarios, con fronteras
artificiales.

Creemos que existe la muerte, cuando en
realidad la vida es eterna, y sólo cambia de
forma.

Es mejor que aceptemos que los domingos
son nuestros días de descanso, aceptando que
pensar es solamente soñar.

25

Después de seis días de duro trabajo, entro en este buen domingo.

Tengo a mi disposición una deliciosa cantidad de horas sin hacer nada.

Apenas pasan cinco minutos, comienzo a buscar qué hacer.

En esa búsqueda, me doy cuenta de que no soy uno, sino básicamente CUATRO PERSONAS: la que piensa, la que siente, la que desea, la que necesita vivir.

¿Cómo puedo ser hoy feliz, pensando?

Pensar no es encontrar la Verdad, sino sólo aproximarse a ella.

La búsqueda intelectual produce angustia.

Lo mejor que hay que hacer es luchar por no pensar.

Crear un delicioso vacío mental, buscando el ruido del silencio.

Lo mismo aproximadamente debo hacerlo con el sentir.

Para aquello debo buscar qué es lo principal que debo sentir.

La respuesta es muy simple: el sentimiento más extraordinario es amar una sola cosa.

¿Pero qué?

Ya estoy muy viejo para amar sólo a mi mamá.

Qué difícil es encontrar lo amado.

Qué fácil es sólo querer ser amado.

Para solucionar este problema, lo mejor es elegir amar absolutamente a todo, comenzando por amarse a sí mismo.

¿Para qué sirve eso?

Sirve para encontrar el amor supremo: amar la Vida.

Desear algo es no tenerlo.

Si ese deseo es verdadero, lo máximo que se puede desear es conocer a Dios. En este deseo, primero hay una dificultad.

Si hay Dios, es tan completo, tan inmenso, tan inimaginable, que el ser humano no tiene la capacidad de conocerlo.

El mejor deseo es aceptarlo sin desear conocerlo.

Y por último, ¿qué es necesitar?

Primero que nada, se necesita dejar de tratar de parecer, para lograr ser lo que verdaderamente somos.

¿Y qué es lo que verdaderamente necesitamos? Pues bien, sólo necesitamos encontrar aquello que nos hace morir si no lo conseguimos.

26

Hoy es mi día de ¿descanso?

El mundo está tan confuso que a todos nos es difícil saber lo que sabemos y lo que no sabemos.

He pasado algunas semanas de tristeza. Pero ya la puedo soportar.

Para distraerme, trataré de imaginar LO QUE SÉ Y LO QUE NO SÉ.

Quizás estas seis proposiciones te sean útiles.

A. No sé lo que puedo recibir, pero sé lo que puedo dar.

B. No sé lo que pierdo, pero sé que lo que pierdo me pierde.

C. No sé dónde estoy, pero sé que este lugar no tiene límites.

D. No sé si estoy aquí, pero sé que tú estás en mí.

H. No sé a dónde voy, pero sé quién me acompaña.

I. No sé quién soy, pero sé que lo que soy es más que yo.

Ahora, un pensamiento positivo: "El azar nos otorga lo imposible hundiéndonos un diamante en la cabeza".

27

Preparando "el no hacer nada", maravillosa costumbre del domingo, voy a intentar describir nuestra realidad cotidiana:

Quien ordena, crea prisiones.

Quien ahorra, se reseca.

Quien da órdenes, obliga. Quien regala, engendra.

Quien va lejos, se encuentra.

Trata de darles a estas respuestas un sitio en tu vida diaria.

28

¿Qué es el descanso?
Es el día donde uno es lo que es, sin buscar
ninguna ayuda exterior.
Es el momento sagrado en el que nos
encontramos exclusivamente con nosotros
mismos.
Durante los seis días precedentes, hemos
preparado todo para un día cada semana no
necesitar trabajar para alguien.

Quítate los zapatos, desvístete, adquiere una
posición agradable y haz lo único que necesitas
hacer aparte de ir al baño.
Eso se llama pensar.

En la soledad de tu domingo, pregúntate:
¿Qué es esto?
¿Dónde estoy?
¿En una ciudad?
No.
¿En un país?
No.
¿En un continente?

No.

¿En un planeta?

No.

¿En una galaxia?

No.

¿En un Universo?

No.

¿En un conjunto de universos?

Quizás.

Camina con tus pies desnudos en forma
circular.

Vuelve a pensar sentado.

Pregúntate:

En esta realidad tan inmensa, ¿dónde estoy?

Estás aquí.

Pregunta:

¿Cómo encontrarme en esta tremendísima
colección de distancias?

Respuesta:

Estás aquí. En una colección de astros que es
infinita. No hay medidas.

Cada persona, cada elemento, es el centro de
esta impensable colección de vidas.

¿Cuándo lograré eso?

No hay tiempo, ni antes, ni después. Estás en
un eterno ahora.

¿Cómo encontrar mi sitio?
Donde todo es energía, no tienes más que
respirar.
Cada vez que respires, siente en el interior de tu
cuerpo la maravillosa energía de la Vida.
¿Pero quién soy?
No eres tú, eres nosotros: un conjunto de
vibraciones, gases, líquidos, minerales,
vegetales, animales y conciencias inmateriales.
¿Pero por qué este zafarrancho?
¡Porque sí!

La totalidad de la realidad no piensa,
solamente es.
Es el momento en que la única definición de
todo es la palabra Dios.

Un domingo, en pleno Presente, encuentra lo
más importante:
Tu alegría de vivir.

29

Hoy, porque es domingo, te voy a explicar el
sistema de los cinco descansos sagrados que
nos revelan las manos.

Nuestra forma de ser, en la base, se explica con
nuestras dos manos.

Vamos de características cerradas, puños, a
características abiertas, dedos estirados, de un
estado fetal a un estado de Vida realizada.

Estos son nuestros sistemas:

El dedo índice es la expresión del intelecto,
el dedo medio la expresión de la emocionalidad,
el dedo anular la expresión de la sexualidad,
el dedo meñique la expresión de nuestras
necesidades corporales que son vitales.

Por ejemplo, si no respiramos, morimos.

Igualmente, si no comemos, morimos,
etcétera.

Estas cuatro primeras características están
juntas pero con lenguajes diferentes: una parte

piensa, la otra siente, la otra desea y la otra necesita. Actúan por separado.

Gracias al pulgar que representa la unión de los cuatro primeros dedos, todas las partes se comprenden: cerebro más corazón más sexo más cuerpo, unidos por la conciencia pulgar.

La mano empuñada representa los sentimientos agresivos.

La mano abierta representa la alegría de vivir, la capacidad máxima.

El dedo pulgar aporta la unión.

Antes de que la humanidad desarrollara este dedo, era una raza animal salvaje, tal como los gorilas.

Con la mano empuñada no se descansa.

Con la mano abierta, cinco dedos estirados hacia el infinito, nos unimos con la Vida, lo que es el mayor descanso.

30

Si hoy es domingo, haz un DESCANSO
MENTAL.

Sin zapatos, ni dinero en el bolsillo, sal a dar un
simpático paseo por tu barrio.

De regreso, siéntate un par de horas entre tus
libros, tan silencioso e inmóvil como ellos.

Cuando te hayas dado cuenta del poder
intelectual de la planta de tus pies, continuaré
este estudio.

31

Ahora trataré de mostrarte lo que es una meditación de descanso.

Esta meditación no comienza por el cerebro, hundido en un mar de palabras.
 Tampoco comienza por el corazón, preocupado en unirse o desunirse con metas emocionales.

No es una actividad sexual hipnotizada por el deseo.

Tampoco comienza por el cuerpo en general, preso en sus necesidades vitales.

Lo más importante para el descanso perfecto, son LAS PLANTAS DE LOS PIES, porque ellas nos unen al planeta Tierra.

Ejercicio:
Trata de pasar este bendito día encerrad@ en tu hogar, con los pies desnudos, y lentamente, recorre cada cuarto, concentrad@ en las plantas de los pies.

Si haces esto, verás que la imagen de tu hogar cambia totalmente.
Ese hogar se transforma en el suelo de todo el planeta.

Sientes la fuerza de gravedad que te tiene pegad@ a la superficie.
Ve cuál es la fuerza que te mantiene así, cargando el peso de tu cuerpo.
Esta fuerza proviene del centro del planeta.

Los pies desnudos son la puerta de cada parte de tu cuerpo.

Ahí está el corazón, el hígado, los pulmones, etcétera…, más los recuerdos, las ambiciones, los deseos.

Las plantas de los pies absorben la energía que viene del centro de la Tierra que generosamente nos da su fuerza adquirida del centro del Sol.

La fuerza solar nos mantiene en vida porque proviene del conjunto de astros que brillan, llenando todo el cielo.

En resumen, en las plantas de los pies penetra la totalidad del Universo.

Esta monumental energía sube por tu cuerpo hasta llegar al cerebro, se apodera del espacio y del tiempo, entra en el presente absoluto, atraviesa tu cráneo y se disuelve contigo en ese Todo que llamamos Dios.

Cada paso que das expresa la alegría de Vivir. Ese es el mejor de los descansos.

32

Hoy, domingo, mi día de descanso, me encuentras muy cansado.

Lo que quiero explicarte lo haré con UN MÍNIMO DE PALABRAS:

¿Qué?
Un ser.

¿Dónde?
El en Cosmos.

¿Cuándo?
Al nacer.

¿Cómo?
Sin traicionarse.

¿Quién?
El que muere.

¿Por qué?
 Porque es eterno.

Me queda un poco de energía.
Aquí van otros pensamientos breves:

Quien ordena, se suicida. La vida no es un orden.

Quien ahorra, disminuye. La acumulación es una prisión.

Quien manda, humilla. Toda vida necesita libertad.

Quien regala, se convierte en tesoro.

Quien va a sí mismo, regresa al infinito.

33

Para mí, descansar significa dejar de pensar
en cosas o en seres, permitiendo que el
pensamiento vacío avance por el mundo como
un río.

Si estás sola o solo, y por eso sufres, realiza
estos ACTOS SUREALISTAS:

A las tres de la tarde, si dejas de desear que algo
o alguien sea de ti, come un trozo de pan dulce
y confórmate con la soledad.

A las seis de la tarde, para hacer descansar a tu
cuerpo desnudo, en lugar de jabonarte, cubre
toda tu piel de mermelada de fresas y toma un
baño de una hora.

A las nueve de la noche, con zapatos y un traje
completo, toma una ducha sin desvestirte,
cantando tu canción preferida.

A las doce de la noche, con el cuerpo desnudo, da setenta y ocho brincos en tu cama, lanzando carcajadas y ponte a dormir.

Si hoy mis consejos no te gustan, pinta todo tu cuerpo de negro y pasa el día entero sin hacer nada.

34

Hoy, domingo, descansaré compartiendo contigo algunas creencias.

El Todo es siempre, si no es siempre no es Todo. La parte es efímera; si no es efímera no es parte.

El Todo precede a sus partes. Si no las precede es parte de las partes.

Las partes son acontecer, no ser. Lo que acontece es efímero, cambia.

El Todo no acontece ni cambia. Como es siempre, los cambios y acontecimientos son ilusorios.

Siendo el Todo algo más que la suma de sus partes, por precederlas también es menos que sus partes.

35

En este día de descanso, quiero compartir contigo algunas DUDAS QUE INTENTAN SER SABIDURÍA:

No sé quién soy, pero sé cómo me siento.

No sé lo que valgo, pero sé no compararme.

No sé dónde estoy, pero sé que estoy en mí.

No sé a dónde voy, pero sé con quién quiero ir.

No sé curar una enfermedad, pero sé cómo evitarla.

No sé lo que es el amor, pero estoy feliz de tu existencia.

No sé lo que es el mundo, pero sé que es mío.

No sé cómo vencer, pero sé cómo escapar.

No sé evitar los golpes, pero sé que puedo resistirlos.

No sé lo que sé, pero sé lo que no sé.

No sé lo que sé, pero sé que lo que hago me está haciendo.

36

En este mundo invadido por crueles conflictos, voy a tratar de compartir contigo pensamientos cien por ciento positivos.

La parte, de una manera impensable, es útil para el Todo. Ninguna parte es inútil. Cuando es inútil, se esfuma. Ningún hecho es inútil.

El llamado ha penetrado silenciosamente. Cada nuevo día nos parece sublime.

La vida mezquina se hace sagrada. El perfume
de la divinidad se esparce en la materia.

Andamos tranquilamente por el mismo camino
donde otros corren con locura.

A cualquier ser humano podemos llamarlo "Yo".
Somos el cuerpo de todos los otros.

37

Porque hoy es domingo, tendré tiempo para tratar de describirte once veces LO QUE ES EL AMOR.

(El once puede ser el símbolo del amor de dos almas gemelas.)

1. El amor no es una palabra, no es una acción, no se define, no se limita. Con una certeza evidente se impone sin condiciones.

2. El amor es aceptación, recepción, respeto, confianza, abandono, adoración y gratitud.

3. El amor es integral, definitivo, absoluto. Hace crecer. Es una promesa de plenitud y de eternidad.

4. El amor me hace sentir tu existencia, esperarte pacientemente y reconocerte.

5. El amor se ha convertido en ti, tu voz, tu
rostro, tu nombre, tu carne, tu espíritu
y tu alma.

6. El amor no existe sin ti, sin nosotros, sin
nuestra amarra, sin dar ni sin recibir.

7. El amor nos atraviesa y se extiende más allá
de nosotros. Nos hace pertenecer sin perdernos.

8. El Amor es lo que se da sin esperanza de
regreso. Es la manifestación de lo sublime, la
belleza pura e invisible, lo que nos hace bellos.

9. El amor es el comienzo y el fin, la esencia de
todo lo que nos anima, sus raíces se extienden
en nosotros hasta el infinito.

10. El amor convierte cada cosa, cada ser, cada
acto, en una fibra sagrada que nos otorga la
posibilidad de tejer un edén.

11. El amor nos lleva del éxtasis total a la
serenidad del alma. ¡Bendito sea!

38

Hoy, domingo, mi día de descanso, por suerte tengo un cuaderno donde anoto frases que me parecen útiles.

Espero que en las diez que te comunicaré hoy, encuentres palabras que te sean útiles. Unas vienen de la mente, otras del corazón.

1. Fuimos antes, no somos ahora, no seremos después. Fuera del tiempo, descansemos tranquilos.

2. Todo lo que hacemos, incluso morir, es un comienzo.

3. Le hacemos daño obligando al otro a recibir algo que no pide.

4. No nos comportemos como un parásito del mundo, devorando frutos ajenos sin sembrar nunca.

5. Triunfar es aprender a fracasar. Fracasar es sólo cambiar de camino.

6. El único medio para conocer al ser humano es a través de sus límites.

7. Somos el producto de innumerables parejas que durante siglos buscaron el amor.

8. Nos vagan por la piel, como un rebaño de nubes, las sombras de quienes acariciaron nuestro cuerpo.

9. ¿Por qué, aunque digo que no me faltas, extraño tanto tu sombra?

10. Cada vez que me miras, ardo en el fuego de tus ojos, como una mariposa nocturna.

Terminé mis diez frases.

Ahora, voy a escribir otra como despedida: "Sólo me gustaría perderte, para encontrarte otra vez".

39

Te propongo que hagamos un juego.
Construyamos algunos sistemas de preguntas
y respuestas que no sirven para nada, a pesar
de emplear una inteligencia que desea ser
profunda.

¿Qué es todo esto?
Todas las cosas son un conjunto de cosas.

¿Dónde estamos?
Sólo aquí: cada punto es un camino.

¿Cuándo es correcto?
Ahora, ni antes ni después.

¿Cómo?
Así, sin cesar de respirar.

¿Quién?
Nosotros: líquidos, sólidos, gases, minerales,
vegetales, animales y conciencias inmateriales.

¿Por qué?
Porque sí: nadie piensa, sólo somos.

¿Quién va lejos?
Nunca vamos, sólo regresamos a nosotros
mismos.

Final del juego.

Ahora te daré un consejo:
Ama a tu pareja como si estuvieras tallando la
primera piedra de un último templo.

40

Hoy te invito a efectuar una meditación Zen.

En la perfecta soledad de tu letrina, separad@
de las personas, parte de este concepto:

"Soy un ser doble, matrimonio de un cuerpo
con un espíritu.
Mi tarea de hoy será materializar ese espíritu y
espiritualizar esa materia".

¿Listo?
¡Comencemos!

Eres un cuerpo que tiene necesidades vitales
y si no las cumples, mueres: comer, beber,
respirar, tener calor cuando hace frío y
viceversa, comer alimentos sanos, no exagerar
las bebidas alcohólicas, etcétera.

Agrega a esto las exageradas necesidades
sociales como vestirte para seducir y no para
encontrarte a ti mism@, enriquecerte, lograr la
fama y la belleza corporal.

Imagínate que ya lograste lo que tu cuerpo
solicita. Ahora te queda conquistar tu espíritu.
Esta tarea es más compleja.
Está dividida en tres partes: intelectual,
emocional, sexual.

Para materializar el intelecto, debes comenzar
por este ejercicio:

Libérate de las palabras. Haz la prueba. Quédate
inmóvil media hora, sin dejar que entre en tu
cerebro ninguna palabra.
No creas que eso te convierte en un idiota.
Tu cerebro piensa sin palabras, de manera
profunda, convertido en lo que realmente es.
La sensación de pensar sin palabras se otorga
una alegría esencial, la de estar viviendo como
realmente eres.

Luego, emocionalmente, despréndete de la
búsqueda de ser amad@ para amar al Universo
entero.
Y por último, lograr que tus deseos animales se
conviertan en amor humano.

En fin, haz que tu parte material descubra a tu
Dios interior y que tu Yo espiritual descubra a
tu sublime animal interior.

41

Hoy, domingo, lo primero que tengo que hacer
para este precioso día es CESAR DE PENSAR.

Poco a poco, con el paso de los años, me he
ido desmontando de ese caballo mítico que
llamamos Lenguaje Articulado.

Nuestra civilización desde pequeños nos ha
acostumbrado a mantener el cerebro lleno
de palabras, insistiendo en que ellas son la
realidad.

Creo que ese ruido cerebral es útil no como la
obtención de la Verdad, sino como un tenedor
y un cuchillo para dividir nuestras sensaciones
y deseos bañados en una salsa de sentimientos
para conquistar la realidad.

Tratemos hoy de pensar sin palabras.

Mi cuerpo es un animal que posee el mayor de
los tesoros que es ese milagro que llamamos
Vida.

Si en este instante no te miro a ti, me sumerjo
en un vacío profundo, profundo, profundo
que no me dice nada pero que me llena de la
gigantesca alegría de estar vivo.

Cuando respiro, respiro el espacio entero.
Cuando alzo los ojos hacia el cielo, me sumerjo
en un espacio infinito que nunca ha tenido un
comienzo, que nunca tendrá un fin.
Es decir, me sumerjo en lo único que hay: es el
presente despojado de pasado y de futuro.

Voy a liberar mis manos de la tensión de poseer
o de liberar, angustia producida por el lenguaje
que encierran los diccionarios.

Me desprendo de derecha o de izquierda, de
adelante o atrás, de alto o bajo.

Entro en el absoluto centro que llamamos
Silencio Espiritual.

¿Qué contiene la Vida?
Contiene el Amor absoluto, Amor que es el
aire que sorbemos, porque lleva a nuestros
pulmones el inmenso grito de Vida que es cada
segundo del Tiempo eterno.

Este silencio convierte a mi boca en templo y
en Universo.
Bajo la lengua, siento la profundidad de mil
océanos.
En el paladar superior llevo el techo
transparente que es el más allá celeste y en mis
dientes llevo la multitud humana devorando los
instantes.

¿Quién soy yo?
En todo momento soy tú y todos.
Lo imposible es posible.

Me despido de ti con un abrazo de mil brazos.

42

Hoy, aparte de no hacer nada, haremos una
meditación dividida en tres partes.
Pocas palabras y mucha acción.

Primera parte:
Sal de tu hogar al exterior, una calle o un
camino, llevando una bolsa vacía.
Lo más cerca posible de tu hogar, quítate los
zapatos, llevas tus pies desnudos.
Mete el calzado en la bolsa diciendo con mucha
fuerza: "¡Yo no soy yo!", y luego avanza diez
pasos, sin importarte que haya gente mirando
tus pies desnudos.
Entonces da media vuelta y regresa a tu punto
de partida.
Exclama: "¡Falso, yo soy yo!".
Vuelve a caminar por la calle, los pies desnudos,
diez pasos.
Exclama: "¡No!".

Regresa a tu punto de partida.
Lo más fuerte posible, grita: "¡Yo soy todos!".
Vuelve a tu hogar y lava tus pies con café
caliente.

Secunda parte, dos horas más tarde:
Quítate los zapatos, ve a la calle y exclama:
"¡Un día, voy a morir!".
Avanza diez pasos y grita: "¡No!".
Regresa a tu punto de partida y exclama: "¡Me
transformaré, seré eterno!".
Ve a tu hogar y lava tus pies con té verde tibio.

Tercera parte, dos horas más tarde:
Haz lo mismo de antes cambiando tus palabras.
Di primero: "¡No hay Dios!".
Luego di: "¡Sí, hay Dios, y yo soy una parte
de Él!".
Regresa a tu hogar y lava tus pies desnudos con
simple agua mineral.

Si no te atreves a hacer esto, siéntate en
posición de meditación en tu casa, e imagínalo.

El resto del domingo, haz lo que se te dé la gana,
siempre que sea entretención y no trabajo.

43

Hoy, domingo, no voy a trabajar, solamente VOY A PENSAR.

¿Qué estoy sintiendo en este momento?
　Siento una gratitud inmensa por la Vida, aceptando que la obtengo no de mí mismo, sino del misterioso Universo.

Todo nos es prestado.

Por lo mismo, todo nos puede ser quitado.

Nuestra conciencia permite que el préstamo sea tan grato de recibir como de devolver.

Si recibimos sin gratitud, es decir sin conciencia de la existencia del Todo Universal, se nos hace doloroso desprendernos de lo prestado, creyendo que no lo devolvemos, sino que lo perdemos, puesto que lo consideramos nuestro.

La gratitud no sólo se siente cuando gozamos de lo prestado, sino también después de que lo hayamos devuelto.

Vivir la experiencia del don nos ha enriquecido y el aporte de lo perdido forma parte de nuestro efímero ser mientras este dura.

Ojalá que nuestro corazón venza el obstáculo del orgulloso "Soy yo".

En nombre de estos pensamientos, te doy un abrazo deseando que sea del tamaño del Todo Universal, mientras exclamo con alegría un: "¡Nosotros somos!".

44

Hoy seremos felices si nos liberamos del MIEDO.

El miedo es siempre el deseo de no perder algo propio, y ese algo que podemos perder es nuestra Vida.

Sin embargo "nuestra Vida" no es "nuestra".
La Vida es un fenómeno universal, no individual.
Bajo el miedo a perder la Vida está el miedo a perder la individualidad.
Esta se resume en sentirse a sí mismo. Dejar de sentirse a sí mismo es el mayor miedo. Para que el individuo se sienta a sí mismo necesita crear objetos que no sean él.

Necesitamos establecer límites que limiten a los otros, dándoles una individualidad aparente. De allí nace la sociedad represiva y egoísta.

Somos ciegos dando sin cesar el primer paso, en una esfera donde la superficie está en todas las partes, y el centro en ninguna.

Te deseo un domingo sin individualidad, pero con mucha felicidad.

45

Si, al tratar de meditar, la angustia te invade,
piensa en temas útiles como la salud y la
sinceridad. Los mismos problemas son las
soluciones.
La enfermedad es también la cura de la
enfermedad.

La curación comienza por la aceptación de la
enfermedad y su transformación en aliada de la
conciencia.

La salud es la conciencia. El camino para llegar
a la conciencia es la información, considerando
la información no como palabras, sino
como experiencias de un conocimiento que
está inscrito en el cuerpo y que se presenta
como pedido de lo que falta. Y lo que falta es la
experiencia de la unión total con el Todo.

Lo más importante de la existencia es nuestra
Vida. Y lo más importante de la Vida es no
mentirse a sí mismo.

El individuo sincero no piensa, no siente, no desea, ni necesita: cree pensar, cree sentir, cree desear, cree necesitar.

Los pensamientos, sentimientos, deseos y necesidades no son personales; parecen pertenecer al género humano pero, en realidad, son representaciones de las fuerzas universales que obedecen a la voluntad del Todo.

Un individuo sincero es aquel que, en su contexto, y sin fingimientos, expresa lo que piensa, siente, desea y necesita con conciencia de que aquello que expresa no le pertenece ni depende de su voluntad.

EL POÉSOFO CONSIDERA QUE NO DEBE HABLAR DE SÍ MISMO PRESENTÁNDOSE COMO UN MODELO SUBLIME.

46

Este nuevo domingo nos da tiempo de
colocar los CONCEPTOS ESENCIALES EN SU
VERDADERO SITIO.

No es en el centro ni en la superficie, es en el
Todo.

No es ayer ni mañana, es hoy.

No es antes ni después, es ahora.

No es adelante ni atrás, no es arriba ni abajo, no
es a la derecha ni a la izquierda, es aquí.

No es el Pasado ni el Futuro, es el Presente.

No es bello ni feo, es un ser humano.

47

Hoy, domingo, en París, hace mucho frío pero la
luz del sol es muy bella.
Me sorprendí diciéndome: "Hace demasiado
frío" sin darle al Sol ninguna importancia.

Esto sucede porque hemos sido educados como
protectores de la timidez.
No nos atrevemos a desear más de lo que la
sociedad humana nos permite.

Te voy a dar un CONSEJO PARA TRIUNFAR
EN LA VIDA con once palabras: "¡Sin límites,
sin miedo, sin autocríticas, atrévete a desear lo
imposible!".

¿Cuantos años voy a vivir?
Un poquito más de cien años.

Si esto te parece exagerado, y te conformas con
menos, alarga tu vida diciendo:
"¡Tantos años como vive un elefante!".

Aumenta:

"¡Es poco! ¡Voy a vivir tanto como la suma de dos elefantes! ¡De cinco elefantes! ¡De diez elefantes! !!!Voy a vivir mil años!!!".

Exagera:

"¡Voy a vivir diez mil años!".

Desea más, sin miedo:

"¡Cien mil años!".

Más y más:

"¡Quinientos millones de años! ¡Un millón de millones de años!".

No te canses. Sé capaz de desear más Vida. Abre la ventana que da al exterior y permítete exclamar:

¡Voy a vivir tantos millones de años como los que va a vivir la Tierra!

No abandones. Pide más.

Grita:

"¡Voy a vivir tantos años como vivirá el Universo!".

Ve más lejos:

""¡Voy a vivir tantos años como cien millones de universos!"".

"""¡Nunca moriré!""".

No límites tus deseos. Convéncete a ti mismo: """"Lo imposible puede ser posible."""".

Atrévete a pensar que tu cadáver nunca se pudrirá. Estarás en un museo siendo la momia más hermosa de toda la historia.

En este día de bello sol, aunque llueva a chorros, te elegirán como el símbolo supremo de la raza humana.

"""""""¡Siete mil millones de abrazos para ti!""""""".

48

Aquí tienes algunas preguntas esenciales a las cuales debes encontrar UNA SINCERA RESPUESTA.

¿Quién eres?

¿Qué quieres ser?

¿Qué no quieres ser?

¿Qué quieres hacer?

¿Qué no quieres hacer?

¿Qué posees?

¿Qué no posees?

¿Qué quieres tener?

¿A quién amas?

¿A quién desprecias?

¿A quién admiras?

¿A qué estás amarrad@ (drogas, alcohol, tabaco, café, sal, azúcar, etc.)?

¿Dónde quieres vivir?

¿Cuántos años quieres vivir?

¿Hay un más allá?

¿Qué sucederá contigo después de tu muerte?

¿Si existe Dios, cómo es?

¿Cuáles son tus buenas cualidades?

¿Cuáles son tus defectos?

¿Si tú no fueras tú, quién te gustaría ser?

¿Cuál es tu meta en la vida?

¿Cuál es la meta de la Humanidad?

¿Cuál es la meta de la Vida?

¿El Universo es un ser consciente?

¿Si lo es, qué espera de ti?

¿Si perdieras la memoria, seguirías siendo tú?

¿De quién dependes?

¿Quién depende de ti?

¿Si no hay Dios, qué es esto?

¿Conoces el silencio mental?

¿Conoces la paz emocional?

¿Estás satisfech@ sexualmente?

¿Qué eres capaz de crear?

¿Estás viviendo como quieres vivir?

¿Tienes un alma?

¿Tienes fe en ti?

¿Si te amas, por qué?

¿Si no te amas, por qué?
¿Cuáles son tus miedos?

¿Eres fuerte?

¿Eres débil?

¿Estás en la Verdad?

¿Te mientes a ti mism@?

¿Qué es triunfar?

¿De dónde vienes?

¿Por qué estás aquí?

¿Eres del mundo o estás separad@ del mundo?

49

Un domingo más, para que aproveches este descanso investigando EN QUÉ NIVELES DE CONCIENCIA VIVES.

¿Estableces una diferencia entre tu interior y tu exterior?

El mundo en el que vivimos no es el mundo, sino una interpretación subjetiva del mundo. Cada persona vive en una realidad distinta.

Nuestra memoria no es el recuerdo de lo que hemos vivido, sino una interpretación subjetiva de lo que hemos vivido.

Nuestra memoria va cambiando a medida que cambiamos nuestra visión del mundo. El mundo exterior es también nuestro interior.

La interpretación de lo que nos sucede, cambia lo que nos sucede. A eso lo llamamos mala suerte o buena suerte.

Nuestra mente actúa como un imán: atrae lo que concuerda con nuestra visión del mundo. Y esa visión provoca fenómenos que le corresponden.

Si el exterior es también nuestro interior, podemos considerarlo un sueño.

Ante todo lo que sucede interrógate: "¿Por qué sueño esto?".
Si te roban la billetera, piensa: "¿Por qué he soñado que me roban la billetera?" y trata de encontrar el significado psicológico de aquello.

Si el exterior es tu interior, tu interior es el exterior.
Ve el mundo con nuevos ojos: encuéntrate en cada persona, en cada ser, en cada cosa.
Lo que das, te lo das. Lo que no das, te lo quitas. Lo que haces para los otros, lo haces para ti mismo. Todo lo que sucede en el mundo, es para ti.

Desarrolla tu imaginación.
Siéntate en un lugar tranquilo, cierra los ojos y date el permiso de imaginar... La imaginación es

tan útil como el pensamiento racional, pero la tenemos un poco abandonada.

Trata de hacer lo que te digo, y te sentirás con una energía que contribuirá a alegrar tu vida.

Imagina el interior de tu hogar tal cual es. Luego imagínalo como lo mejorarías si dispusieras de todos los medios.
Ahora imagina que posees una casa ideal (constrúyela en tu mente) que está en un sitio ideal (un lugar en el que te encantaría vivir).

Imagínate completamente perfect@, total belleza física, mental, emocional y sexual.

Ahora imagina que puedes salir de tu cuerpo y, siendo inmaterial, viaja hacia donde quieras, sea en este planeta o bien en el Cosmos.

Imagina TODO el Espacio (no temas imaginar la gigantesca extensión del infinito).

Imagina TODO el Tiempo (los millones de millones de millones de millones de años que tiene y tendrá el Universo).

Aunque seas absolutamente ateo, permítete imaginar lo inimaginable:
¿Si hubiera Dios, cómo sería?

Imagina a Dios, entra en su conciencia, en su eternidad sin comienzo ni fin, en su poder, en su aspecto, imagina su amor, imagínalo creando la Vida, los universos, etcétera.

Imagínate inmensamente ric@. Imagina los objetos que tendrías, los trajes, tus actividades sociales, etcétera.

Ahora imagínate realizad@ y feliz. ¿Cómo?

Imagina al ser perfecto con quien realizas el amor ideal.

Imagínate teniendo el oficio que más te agrada, triunfando.

Imagínate pobre, pero logrando tener una vida feliz.

Imagínate muy ancian@ (por lo menos de 120 años) viviendo una vida feliz.

Imagínate que tienes una familia perfecta, plena de valores, totalmente positiva y feliz.

Imagínate que ha llegado tu último momento, y que rodead@ de todos los seres que amas y de las multitudes que has ayudado, mueres feliz.

Por último, imaginando que te integras al Todo, que eres el Universo entero, dices: "Soy la tierra, soy el agua, soy el fuego, soy el aire, soy los planetas, soy todos los seres vivientes, soy la Vida misma, ¡¡Soy por completo yo mism@!!".

50

Ha llegado el momento en que es necesario
darnos cuenta de LO QUE SABEMOS,
ACOMPAÑADO DE LO QUE NO SABEMOS.

Yo te daré seis ejemplos, tú trata de aumentar la
lista, que posiblemente sea infinita.

No sé quién soy, pero sé que lo que soy es lo
que el otro es.

No sé dónde estoy, pero sé que este lugar no
tiene límites.

No sé a dónde voy, pero sé quién me espera.

No sé cuál es mi meta, pero sé que para
conocerla debo llegar a mí.

No sé qué es lo que busco, pero sé que lo que
busco me busca.

No sé lo que puedo recibir, pero sé agradecer lo que me han dado.

No sé...

51

Hoy, domingo, abandonando todo trabajo corporal, trataré de encontrar por lo menos quince VERDADES ABSOLUTAS.

1. No vivimos en un país, no vivimos en un planeta, vivimos en un Universo.

2. El Universo sabe lo que hace, con el tiempo todo es para bien.

3. Nada nace, nada muere, todo es eterno.

4. Lo que damos, nos lo damos. Lo que no damos, nos lo quitamos.

5. Nada es antes, nada es después, todo es ahora.

6. No podemos cambiar al mundo, pero sí podemos cambiarnos a nosotros mismos.

7. La muerte es sólo un cambio, la Vida nunca termina.

8. Bajo una gran tempestad, no somos uno, somos todos.

9. Todo lo que no tenemos nos ha sido quitado para que un día lo recuperemos.

10. No hay Pasado, no hay Futuro, el Presente es un cambio eterno.

11. Gobernantes, tiranos, mandatarios, son partes de Dios. Pero sólo Dios es Dios.

12. El Amor, como la Luna, disminuye cuando no crece.

13. El dinero que sólo nos llena los bolsillos, vacía nuestros corazones.

14. En este planeta, cualquier punto que tiremos hacia nosotros arrastrará al Universo entero.

15. En todo momento estamos naciendo, estamos viviendo, estamos muriendo, estamos reencarnando.

52

Somos lo que somos, no lo que los otros quieren que seamos.

LIBERACIÓN MENTAL.

Haz de tu inconsciente un aliado. Dedica algún tiempo a eliminar un hábito y serás más dueño de tu destino. Tenemos hábitos mentales, hábitos emocionales, hábitos sexuales y hábitos corporales. Cuando nos liberamos de los hábitos, aparece una nueva dimensión de nosotros mismos.

La familia, la sociedad, la cultura nos ponen en un molde. Cuando nos liberamos del molde, empieza la sanación.

Tu niño interior quiere jugar, a pesar de la violencia que reina a su alrededor. Cada vez que tengas un recuerdo doloroso de tu infancia, viaja por tu memoria y, con la edad que tienes hoy, dile a tu niño interior:

"No estés triste, no estás solo. Yo estaba contigo todo el tiempo. Soy tu amigo. Juega conmigo".

Y así agregas a tu infancia alegrías que no tenías y la cambias.

Puedes agregar alas invisibles a tu niño interior y darle valores.

Colorea las calles, llena tu casa de objetos preciosos, conversa con los animales y las plantas, mejora a tus padres, etcétera...

Y si hoy estás triste, puedes invocarte a ti mismo, cuando seas un anciano:

"Soy tú con muchos años más. No estás solo, estoy junto a ti, puedo aconsejarte".

Si agregas importantes detalles a tu memoria, tal como hace un artista cuando filma una película, puedes cambiarla, agregarle felicidad. Si quieres liberarte del sufrimiento pasado, otórgate lo que no te dieron. Haz lo que no hiciste.

Ahora mismo, elige algún recuerdo doloroso, míralo desde otra edad y dale nuevos aspectos, lucha para no pensar que la vida es horrible e imagina un futuro precioso.

Esta técnica de cambiar el pasado, agregando aspectos agradables a mi memoria, la descubrí en la época en que Hollywood comenzó a colorear sus viejas películas filmadas en blanco y negro...

Debemos tratar a nuestra memoria como si fuera un diamante cubierto de carbón. Vamos a pulirla hasta dejar al descubierto su belleza.

Vive sin planes: los pequeños pasos construyen un largo camino. Nunca una situación adversa es total: primero sobrevive y luego deja que la vida te realice más allá de los sueños...

Esta fábula quizás pueda serte útil.

Sumidas en la tierra fértil, dos semillas germinaban. Una que tendía a adquirir formas rectas, no cesaba de elaborar planes con el triunfo de su vida futura: "Seré un árbol que llegará hasta el cielo". La

otra semilla sólo concentraba su energía
aceptando la suerte
que el destino le deparaba...

Las generosas lluvias les permitieron
convertirse en árboles. Quien siempre
hacía planes, estiraba sus ramas hacia lo
alto: "¡Subiré tanto que acariciaré al sol
con mis hojas!". El otro árbol, obedeciendo
los secretos designios de la naturaleza,
pensaba: "¡Seré lo que me toque ser!"...
Pasó el verano. El viento trajo nubes grises
y duras. El árbol ambicioso, viendo que
los cúmulos le cerraban el paso hacia
las alturas, se desesperó y, embargado
por la furia, comenzó a golpear las rocas
con sus ramas tratando de quebrarlas.
Lo mismo, pero sin alterarse, hizo el
curvilíneo. Llegaron a la conclusión de
que las nubes eran irrompibles. En lugar
de crecer como una línea, el curvo empezó
a arrastrarse por el suelo. El recto, lleno
de dignidad, despreció a su camarada:
"¡Antes de reptar como un cobarde, prefiero
perecer!". Habiendo perdido la esperanza
de realizar su sueño, dejó de alimentarse
y se secó. Su compañero siguió buscando

horizontalmente una salida. "¡Por muy grande que sea una nube de piedra, nunca podrá cubrir todo el cielo!". Entre dos de esas rocas encontró una grieta. Por ahí creció hasta salir a la luz, sobrepasando el mar de granito. Y sin proponérselo, llegó a las regiones más altas del firmamento.

Esta obra se terminó de imprimir
en el mes de marzo de 2025,
en los talleres de Diversidad Gráfica S.A. de C.V.
Ciudad de México